Galapagos

Tui de Roy Moore

GALAPAGOS

Aus dem Englischen
von Helgard Reichholf-Riehm

Belser Verlag Stuttgart und Zürich

CIP-Kurztitelaufnahme der Deutschen Bibliothek
de Roy Moore, Tui:
Galapagos / Tui Roy de Moore. Aus. d. Engl. von Helgard Reichholf-
Riehm. Vorw.: Josef Reichholf. Einf.: Peter Matthiesen. – Stuttgart:
Belser, 1981.
  Einheitssacht.: Galapagos ⟨dt.⟩
  ISBN 3-7630-6501-6

© 1980 »Galapagos – Islands Lost in Time« by The Viking Press, New
York. Published by arrangement with The Viking Press
© 1981 by Chr. Belser AG für Verlagsgeschäfte & Co. KG Stuttgart
und Zürich
Anschrift: Belser Verlag, Falkertstr. 73, D-7000 Stuttgart 1
Alle Rechte vorbehalten
Satz: H. Weyhing, Stuttgart
Druck Bildteil: Dai Nippon Printing Company, Tokio
Druck Textteil: Franz W. Wesel, Baden-Baden
Buchbinderei: C. Fikentscher, Darmstadt
Printed in Germany
ISBN 3-7630-6501-6

Inhalt

Der wahre Traum vom Paradies
Einführung von Peter Matthiessen 7

Vorwort zur deutschen Ausgabe
von Josef Reichholf 6

Ein Lebensbeginn 9

Erinnerungen
Jahreszeiten am Äquator
Im grünen Hochland
Erfahrungen der Kindheit
Aufwachsen in Freiheit

Das neue Land entsteht 14

Der Anfang
Eine Geographie des Wechsels
Ursprünge des Lebens
Evolution
Darwinfinken
Warum gingen die Leguane ins Meer?

Entdeckungen ohne Ende 19

Die Ankunft der Menschen
Riesenschildkröten auf einem Vulkan
Äsende Schildkröten
Randzonen des Lebens
Bewohner einer Caldera
Vulkanausbrüche

Von Insel zu Insel 29

Transportmittel
Eine Insel der Seevögel

Das Leben des Binden-Fregattvogels
Zwei ganz besondere Möwen
Der Tanz des Blaufußtölpels
Der Rotschnabel-Tropikvogel
Inselleben auf Hood

Die kleine Welt von Galapagos 37

Lava und Leben
Die sozialen Seelöwen
Der Galapagos-Bussard

Der Tod eines Sturmtauchers 43

Der Überlebenswille
Fressen und gefressen werden
Wiedergutmachung
Ein verlorener Traum
Letzter Kampf
Ein neues Abenteuer

Anhang:

Naturgeschichte der Galapagos-Inseln 145

Entstehung der Inseln
Geologie der Inseln
Physikalische Umwelt der Inseln
Ankunft des Lebens
Naturschutz auf Galapagos

Tiere der Galapagos-Inseln, von Josef Reichholf 148

Hinweise zur Fotografie 151

Literatur

Der wahre Traum vom Paradies

Vorwort zur deutschen Ausgabe

Vorsichtig wird das Boot an die einzige Anlandestelle zwischen den Lavablöcken heranmanövriert. Voller Spannung drängt die Schar von Touristen an Land, wo unübersehbare Mengen von Seelöwen den Strand bedecken. Doch die winzige Plattform, die zum Anlegen dient, ist besetzt. Ein mächtiger Seelöwe richtet sich drohend auf. Mitten auf der Stirn sitzt eine dicke Beule, die zwar nicht vom letzten Rivalenkampf stammt, sondern unter seinesgleichen die Würde des Paschas bedeutet.

Nach einigem Hin und Her rutscht er ein Stück zur Seite und hüpft mit einer Geschmeidigkeit, die man diesem in dicken Speck gehüllten Fleischberg gar nicht zugetraut hätte, über ein paar Lavabrocken. Unzählige Seelöwenkörper haben sie glattgeschliffen. Nun inspiziert er ausgiebig die Kamera eines Besuchers, in deren Linse sich das verkleinerte Ebenbild seiner selbst widerspiegelt.

Kaum ist der letzte Tourist dem Boot entstiegen und an Land gegangen, hat er seinen Wachposten schon wieder bezogen. Den Leuten bietet sich nun ein faszinierendes Schauspiel. Sie stehen mitten in der Kinderstube der Seelöwen. Von allen Seiten kugeln die mandeläugigen Babys herbei, recken sich, so gut sie können, zum Menschen hinauf, der kaum widerstehen kann, diese kleinkindgroßen Portionen von Niedlichkeit in den Arm zu nehmen. Die Seelöwinnen schauen diesem Spiel ohne Furcht zu. Sie kennen an Land keinen Feind, und auch im Meer haben sie sich höchstens vor einem großen Hai in acht zu nehmen. Selbst Weibchen, die sich in Erwartung ihrer Niederkunft in eine sandige Kuhle am Weg gerollt haben, blicken die behutsam vorübergehenden Menschen voller Zutrauen an. Wer könnte sich diesem Zauber entziehen?

Es fällt wirklich schwer, sich den strikten Anweisungen zu fügen, die Seelöwen und die anderen Tiere dieser Inseln auf keinen Fall zu streicheln. Denn die Seelöwenbabys drängen ungestüm zum Spiel. Mit ihrem langen Schnurrbart sind sie umwerfend komisch. Und erfinderisch, wie sie sind, entdecken sie doch eine Möglichkeit, die vom Menschen verfügte strenge Trennung zu umgehen. Sie kitzeln die Kinder, die mit der Gruppe mitgekommen sind, einfach so lange an den Zehen, bis sie einen Luftsprung machen. Dann balgen sie untereinander wieder wie junge Hunde, während draußen in der Brandung unablässig der alte Seelöwenbulle seinen Strandbereich patrouilliert und aufpaßt, daß sich nichts unkontrolliert diesem Stück vom Paradies nähert.

Sicher haben in ähnlicher Weise Tausende von Besuchern den ersten Kontakt mit Galapagos geschlossen; einen Kontakt, der so ganz anders ist als alles, was der weitgereiste »Natur-Tourist« erwartet oder auf »Safari« erlebt hat. Für manche mag das alles wie ein Schritt zurück in die ferne Vergangenheit anmuten; zurück in die Wunschvorstellungen vom Paradies, in dem der Mensch in Friede und Eintracht mit den Tieren lebte. Auf Galapagos gilt das noch für fast alle größeren Tiere. Die Spottdrossel, die dem vom Fotofieber gepackten Touristen mit Geschick den Schnürsenkel aus dem Schuh zu ziehen versucht, oder der Bussard, der auf dem abgestellten Rucksack Platz nimmt und mit unverhohlener Neugier alles betrachtet, was diese merkwürdigen Menschen so machen, gehören genauso dazu wie die Pelzrobben, die mit Begeisterung in den blaugrünen Grotten mit den Badenden um die Wette schwimmen.

Nirgendwo kann der Mensch intensiver die Nähe der Tiere erleben, Einblick in ihre Form des Lebens gewinnen – und nachdenklich werden, warum die Reaktion der Tierwelt überall auf der Welt so ganz anders ausfällt. Hier ist es ohne Zweifel kein Gewöhnungseffekt durch die vielen Besucher, der Seelöwen wie Echsen oder Vögel von der Harmlosigkeit dieser Eindringlinge in ihre Welt allmählich überzeugte. Nein, es ist das Urvertrauen, das in diesen Tieren noch steckt, und das sonst fast völlig verlorenging, seit der Mensch mit Speer und Faustkeil anfing, alles zu jagen und zu töten, was er bewältigen konnte. Die Chancen zum Überleben lagen nur bei jenen, die das Urvertrauen rechtzeitig ablegten oder auf sichere Distanz verlängerten. Sie prägten das Verhalten der kommenden Geschlechter, bis mit den Feuerwaffen auch das Abstandhalten nichts mehr nützte. Praktisch alle Großtiere wurden dadurch auf extreme Scheuheit ausgelesen. Das Vertrauen konnte sich nur in der weltfernen Abgeschiedenheit einer solchen Inselgruppe erhalten, wo Leben und Sterben zwar den gleichen Naturgesetzen gehorchen, wie auf der übrigen Welt. Aber es fehlt dort die Dimension der tiefen Angst, die nur der Mensch diesem uralten Wechselspiel des Lebens hinzugefügt hat. Dessen wird sich der Besucher bewußt, wenn er über die Inseln wandert und ihren Lebensrhythmus zu spüren bekommt.

Wer hätte das aber besser schildern können als die Verfasserin dieses großartigen Buches, das in Wort und Bild die Atmosphäre dieser Inseln, den Zauber, der ihnen den Beinamen die »Verwunschenen« eingebracht hat, einzufangen verstand. Es konnte ihr vielleicht nur deshalb so sehr glücken, weil sie selbst ein echtes Kind dieser Inseln ist. Ihr Leben wurde von ihnen genauso geprägt wie das Leben der Tiere, die sie portraitiert. Kein Fremdling von außen kann so ein Buch verfassen, weil es nicht »gemacht« worden ist, wie Bücher heutzutage gemacht zu werden pflegen, sondern der Verfasserin entwachsen ist. Sie konnte mit ihrem Leben auf Galapagos jenen Augenblicken Dauer verleihen, von denen die Besucher auf ihren notgedrungenermaßen kurzen Aufenthalten noch viele Jahre zehren.

Ich stand oben an der Steilkante einer kleinen Insel, als weit draußen im Meer die Sonne zu versinken begann. Sie hüllte einen Seelöwen in ihren goldigen Schimmer und ließ seinen vollendeten Körper wie flüssiges Metall aufleuchten. Tief unten donnerte die Brandung des Pazifiks, und aus den Klippen lösten sich die ersten Gabelschwanzmöwen zu ihren nächtlichen Flügen hinaus aufs Meer. Dies war einer jener Augenblicke. Aber nicht minder lebhaft werden mir die mit den Zehen der Kinder spielenden Seelöwenbabys oder die alte Meerechse in der Erinnerung bleiben, die mir mit einem raschen Kopfnicken auf die Linse der Kamera »spuckte«, als ich sie portraitieren wollte. Wieviel mehr an Erleben steckt aber in den Bildern und Zeilen dieses Buches, das ich dem deutschsprachigen Leserkreis übergeben darf. Es wird – davon bin ich überzeugt – für Galapagos nicht bloß neue Touristen werben, sondern einem viel größeren Kreis verständlich machen, warum Galapagos etwas ganz Einmaliges ist, das wir unter allen Umständen in diesem, den Geschehnissen der vergangenen Jahrhunderte zum Trotz, immer noch weitgehend paradiesischen Zustand erhalten müssen. Es ist vielleicht der letzte Fleck der Welt, auf dem das Urvertrauen überlebt hat. Auch ihn noch zu vernichten, würde den Menschen mit dem schlimmsten Makel behaften, den die Geschichte der Natur kennt.

Josef Reichholf

Wie es zu diesem Buch kam, schildert Peter Matthiessen, Naturwissenschaftler und Schriftsteller, und die Autorin, Tui de Roy Moore.

Ende Oktober 1972 begleitete ich Les Line, den Herausgeber des Audubon-Magazin, mit einer bestimmten Aufgabenstellung auf die Galapagos-Inseln. Mein Artikel sollte vom Herausgeber selbst, einem hervorragenden Fotografen, illustriert werden. Von all den merkwürdigen Tieren dieser Insel, die portraitiert werden sollten, standen natürlich die Riesenschildkröten im Brennpunkt. Die letzte intakte Population davon befindet sich auf dem Vulkan Alcedo auf der Insel Isabela. Wir sichteten die Insel nach mehreren Tagen Kreuzfahrt auf einem gecharterten Schoner, die uns quer durch die »Encantadas«, die »verwunschenen Inseln«, führte. Aber Alcedos Kraterrand, wo wir die ersten Schildkröten erwarten konnten, lag 1200 Meter hoch über uns. In der Morgendämmerung des nächsten Tages fühlte sich Les Line nicht wohl für den Aufstieg. Er drückte mir seine Kamera in die Hand und bedeutete mir, daß kein Artikel über Galapagos im Audubon-Magazin erscheinen konnte ohne die besten je von den Riesenschildkröten gezeigten Bilder. So machte ich mich unter der Last dieser Verantwortung auf den Weg und trottete die wüstenhafte Flanke dieses Bergmassivs hoch. Auf den letzten dreihundert Metern folgte ich einem alten Schildkrötenpfad bis hin zum Gipfel durch dichte Farnbestände.

Als ich den Rand entlangging, traf ich auf eine Schildkröte. Sie konnte geradewegs auf den Darwin-Krater blicken, aber das kümmerte sie nicht. Schildkröte zu sein war ihr genug. Nach einer Weile völliger Stille, die sie wie sprachlos vor meinen braunen Beinen verbrachte, fuhr sie fort, langsam weiterzukauen.

Ein riesiges Männchen kam ein paar Meter von mir entfernt aus dem Busch hervor und sah mich an. Die großen Männchen versuchen jedes Weibchen zu besteigen, das sie treffen. Die Weibchen bemühen sich, diesem oft heftigen Zusammentreffen auszuweichen. Eine nach innen gewölbte Zone im Bauchpanzer verhilft den Männchen zu einem besseren Halt. Während der Paarung stößt das erfolgreiche Männchen urige Schreie aus, während das Weibchen wie auch sonst immer ruhig bleibt. (Ein frustriertes Männchen versucht mitunter sogar mit Felsblöcken eine Paarung, doch ob es dabei auch stöhnt, ist nicht bekannt.)

Nach einigen hundert Metern stieß ich am Kraterrand auf drei weitere Schildkröten. Obgleich alle zu äsen aufhörten und mich anstarrten, zeigte keine Zeichen von Furcht, außer einer, die ich kameradschaftlich auf den Panzer klopfte. Sie zischte abweisend und verbarg ihren Hals, doch kaum war ich ein Stück weggegangen, kam sie gleich wieder hervor und blickte mir interessiert nach. Meine Beobachtungen fand ich ganz prima, doch obwohl ich eine ganze Anzahl von Schildkröten fand, brachte ich kein einziges Bild zustande. Die Kamera wollte einfach nicht arbeiten. Les Line war untröstlich und überzeugte mich später, daß das Nicht-Funktionieren einfach auf menschlichem Irrtum beruhte. Inzwischen hatte unser Schoner die Anker gelichtet, und Les Line zog sich in seine Kabine zurück – seekrank vor Enttäuschung.

Zwei Wochen später kamen wir am Hauptankerplatz auf der Insel Santa Cruz an, und ich beichtete dem Kapitän Richard Forster unser Mißgeschick. Er schlug mir sofort vor, die Bilder zu betrachten, die ein junges Mädchen hier auf den Inseln gemacht hatte. Ich schüttelte den Kopf: Les Line war ein Verfechter technischer Höchstleistungen, für die sein Magazin ja weltberühmt ist. Amateurschnappschüsse würden in solch einer Zeitschrift keinen Platz finden. – »Nein«, antwortete Richard, »sie ist wirklich ganz ausgezeichnet!« Er ließ der belgischen Familie de Roy ausrichten, daß jemand die Schildkrötenbilder ansehen wollte. Am Nachmittag kam Tui zu uns, ein sonnengebräuntes, blondes Mädchen, und schwang sich aus dem Boot zum Schiff hoch. Sie war zurückhaltend, und ihre Mutter begleitete sie. Ich überredete meinen zweifelnden Herausgeber, eine Diaschau in der Kapitänskabine mitzumachen.

Vom ersten Bild an starrten wir gebannt vor Freude und Überraschung auf die Leinwand und fühlten uns als Entdecker dieses hübschen Mädchens, das mit ihren kaum neunzehn Jahren schon weit über bloße technische Perfektion hinausgewachsen war. Eines nach dem anderen fingen ihre Bilder die seltsame Atmosphäre dieser Vulkane im Meer ein und beleuchteten ihre Objekte in fast geheimnisvoller und universeller Art und Weise. Ich drehte mich zu Les Line hin, um sein Gesicht zu sehen. Es drückte Hochachtung und Ungläubigkeit aus. Einige Monate später erschien eines dieser Bilder auf der Umschlagseite des Audubon-Magazins, und eine Sammlung der »besten Fotos, die je von Riesenschildkröten gemacht wurden«, illustrierten den Textteil in diesem Heft. Seither reifte Tuis bemerkenswertes Talent weiter aus, und sie setzte die Erforschung der Galapagos-Inseln fort, die sie besser als jeder andere kennt. Ihr hervorragender Text zeigt zudem, daß sie bestens informiert und ein ausgezeichneter Naturbeobachter ist. Ich kenne niemanden, der besser geeignet wäre, so ein Buch über Galapagos zu schreiben, wie Tui de Roy Moore.

Peter Matthiessen

Als winzige Flecken festen Landes liegen die Galapagos-Inseln in den Weiten des Pazifischen Ozeans. Auf vielen Weltkarten erscheinen sie nicht einmal neben der gewaltigen Landmasse des südamerikanischen Kontinents. Aber trotz ihrer Winzigkeit stellen diese Eilande etwas ganz Einzigartiges dar, das es sonst nirgends auf der Welt gibt: Die Berge und Wälder, Strände und Buchten beherbergen Tiere und Pflanzen, die sich während der langen Isolation zu besonderen Formen entwickelt haben. Einige muten wie Überbleibsel vergangener Zeiten an, als noch die Reptilien das Leben auf der Erde beherrschten.

Lange Zeit ignorierte die Welt diese abgelegenen Inseln. Erst seit kurzem nennen sie einige Tausend Leute ihre Heimat. Ich selbst schätze mich glücklich, eine davon zu sein! Meine Lebenserfahrungen würde ich mit niemandem tauschen wollen. Wir wuchsen als Kinder in einer herrlichen Freiheit auf. Nicht einmal Schulen mußten wir besuchen und uns ihren Zwängen und Ordnungsprinzipien fügen. Unsere Gespräche nahmen die Hürden unterschiedlicher Sprachen und setzten sich problemlos darüber hinweg. Unseren Interessen und Neigungen konnten wir ganz ungezwungen nachgehen. Nicht einmal in Altersgruppen konnte man uns zusammenschließen, denn es gab zu wenige Kinder auf den Inseln. Wir lebten mit den Erwachsenen und wuchsen ganz automatisch in ihre Welt hinein. Obwohl wir nur wenige Nachbarn hatten, gab es immer wieder Besuch. Wissenschaftler und interessierte Besucher kamen aus aller Herren Länder und bereicherten unser Dasein.

Mein Interesse an der Natur hat immer mein Leben bestimmt. In diesem Buch möchte ich daher die besondere Natur von Galapagos so darzustellen versuchen, wie sie auf mich wirkt. Es soll und wird daher keine wissenschaftliche Naturgeschichte werden, sondern ein Versuch, das Gefühl zu übermitteln, das mich bei der Entdeckung dieser fremden Welt wilder und doch zahmer Tiere, seltsamer Pflanzen, rauher Küsten und vulkanischer Kräfte stets erfüllt. Die tiefe persönliche Beziehung zu diesen rätselhaften Inseln steht dahinter.

Mit diesem Werk möchte ich alle teilhaben lassen an den eigenen »Entdeckungen« in der besonderen Art und Weise, wie sich Galapagos dem Menschen offenbart. Das Geheimnis dieser Inseln verbindet mich mit dem Leben dieser Erde, zu dem wir alle gehören. Meine Bilder sind ein Spiegel davon – und eine Einladung an den Leser, die wilde Schönheit von Galapagos kennenzulernen.

Tui de Roy Moore

Ein Lebensbeginn

Erinnerungen

Es gab da einen kleinen weißen Strand aus ganz feinem Sand. Ungezählte Wogen des Pazifiks haben ihn zwischen den aufragenden schwarzen Klippen aus Lava angeschwemmt. Der Strand war eben und glänzte in der Morgensonne. Nur die großen, mit Schwimmhäuten verbundenen Füße eines Pelikans hatten Eindrücke darin hinterlassen, als der Vogel nach der Landung zum Wasser hinuntermarschierte. Aus dem Schatten eines überhängenden Felsens löste sich ein kleines Kind. Lachend lief es zu den Wellen hinunter, planschte darin umher und aalte sich dann im pudrig-trockenen Sand, vor Freude jauchzend.

Wenn ich heute daran zurückdenke, scheint mir dieser Morgen in weite Ferne entrückt zu sein. Es war im Jahre 1959, und das fünfjährige Kind war ich. Zusammen mit meinen Eltern bewohnte ich damals ein aus Lavafelsen erbautes Haus am Rande einer Bucht auf Santa Cruz. Immer wenn wir jenen kleinen weißen Strand besuchten, ergriff mich große Aufregung, denn dieser Strand war für mich voller Geheimnisse. Er wurde mein Symbol für die wilde Natur der Galapagos-Inseln. Die Wellen entblößten glattpolierte Muschelschalen, um sie gleich wieder zu verbergen. In den ruhigen Wasserpfützen, die von den Gezeiten in Vertiefungen der Felsen zurückgelassen wurden, tummelten sich kleine Fische, und dunkle Krabben probierten pelzige Algen auf ihre Genießbarkeit.

Manchmal wandern meine Gedanken noch ein Stück weiter zurück in jene Zeit, als wir noch im grünen Hochland dieser Insel lebten. Ich war damals erst zwei Jahre alt. Bilder blitzen auf in diesen Gedanken: die riesigen Elefantenohr-Pflanzen, die doppelt so groß wie ich waren; die donnernden Herden des freilebenden Viehs, dessen Brüllen ich mit meinem kleinen Spielhorn nachmachen wollte. Zur Nachtzeit kamen die brütenden Sturmtaucher in Scharen auf die Insel vom Meer her zurück. Sie schwebten in den mondscheinlosen Nächten mit unheimlichen Rufen über unser Camp, und ihre Schreie brachen sich im undurchdringlichen Nebel. Ganz tief im Gedächtnis scheinen auch jene Tage der langen Seereise auf, die uns auf einem Frachter vom schneeverhangenen fernen Europa hierher gebracht hatte. Aber die Erinnerung verläuft sich im Dunstschleier der Zeit, die darüber hinweggegangen ist. Wie lange liegt diese Zeit für das begrenzte Fassungsvermögen eines Menschen zurück, und wie kurz ist die Spanne doch, verglichen mit der Lebenszeit eines Baumes, einer Riesenschildkröte oder gar der Herausbildung einer ganzen Insel aus dem Meer der Zeit.

Meine Eltern liebten von Jugend an alles Lebendige. Sie fühlten sich mit der Natur verbunden, hingen an Sonne und Meer. Doch im heimatlichen Brüssel war Krieg. Als ich in der Nähe dieser Stadt geboren wurde, waren sie noch jung und voller Träume. Sie wollten ihr eigenes Leben leben, frei und ungebunden in einer natürlichen Welt und nahe dem Meer. Sie gingen auf die Suche nach diesem Traumziel, und was sie fanden, war Galapagos! Aber es gibt kein Paradies auf Erden, wie es sich die Träumer immer vorstellen. Meine Eltern waren klug genug, sich dessen bewußt zu bleiben. Es kam darauf an, aus dem Traum Realität werden zu lassen, etwas Vernünftiges daraus zu machen. Das kostete viel Mühe und harte Anpassung. Aber meine Eltern waren darauf gefaßt. Zuerst siedelten wir uns im feuchten Inneren der Insel Santa Cruz an. Drei Stunden dauerte der Fußmarsch bis zur Küste. Im unberührten Wald schlugen mein Vater und meine Mutter eine Lichtung, um Pflanzungen anlegen zu können. Verwilderte Schweine und Rinder fraßen die Feldfrüchte auf und zertrampelten das bebaute Land. Um uns gegen dieses verwilderte Vieh zu schützen, mußte mein Vater eine vom Boden abgehobene Plattform errichten. Sie trug unser Zelt. Eine dicke Schicht von Farnkraut bildete die Unterlage. Die Terrasse erhielt einen Schmuck aus Farnen, Epiphyten und eine Vielzahl von europäischen Blumen, die aus Samen gezogen waren. Nur alle vier bis sechs Monate kam ein kleines Schiff von Guayaquil aus Ecuador herüber, um die lebenswichtigen Dinge wie Mehl, Zucker, Streichhölzer oder Post zu bringen. An die vierhundert Menschen – die meisten von ihnen Ecuadorianer – lebten damals auf den Inseln. Nur über einen schmalen Schleichpfad konnten wir unsere Nachbarn, eine Norwegerfamilie, erreichen. In meiner Erinnerung kommt mir der Weg endlos vor, hineingewoben in Hohlwege aus dichter Vegetation, überhängenden Ranken und Moosen, in denen winzige Vögel nach Insekten stocherten. An diesem Pfad stand auch ein alter, bodenständiger Guava-Baum. Sein bleicher Stamm war so glatt poliert, als ob ihn das Meer wie Treibholz lange Zeit bearbeitet hätte. An seiner Basis öffnete sich eine Höhlung, aus der mich manchmal schrille Schreie gleichermaßen erschreckten wie neugierig machten. Ich erfuhr, daß sich darin das Nest eines Sturmtauchers befand, aber ich stellte mir trotzdem immer wieder geheimnisvolle Lebewesen vor, die darin hausten. So wollte es mir eines Tages mein Vater genauer zeigen: Er griff in die

Höhle hinunter und holte ganz vorsichtig den großen, schwarzweißen Vogel hervor. Er schlug mit den langen Flügeln und biß meinen Vater in den Finger, daß er blutete. Langsam und sorgfältig steckte mein Vater den Vogel wieder in seine Höhle hinab auf das Nest, während ich noch staunend dastand. Meine Einbildung von grotesken Kreaturen war zerstört, aber dennoch war ich glücklich, einmal jenen geheimnisvollen Vogel gesehen zu haben, dessen Schreie die Nacht erfüllten. Im Gegenteil, meine Faszination blieb bestehen. Sie lebt auch heute noch unvermindert auf, wenn ich den Balzrufen dieser Vögel lauschen kann. Ihr Echo klingt durch die kalten, wolkenverhangenen Nächte, wenn die Sturmtaucher von der Hochsee zurückkehren und ihre Nistplätze im nebeligen Hochland aufsuchen.

Ein Jahr verbrachten wir in diesem überquellenden Grün von Santa Cruz. Wir zogen Blumen und ernteten das wenige, was uns die wilden Schweine und Rinder übrig ließen. Wir sahen dem Farnkraut beim Wachsen zu und beobachteten die zarten Kletterranken, die unseren Pfad in ein oder zwei Tagen überspannen konnten. Wir wußten auch, wo ein Paar des herrlichen Rubintyrannen, ein brillant roter, fliegenschnäpperähnlicher Vogel, nistete. Es lag in einem Klumpen bräunlichen Lebermooses. Wir fühlten den Wechsel der tropischen Jahreszeiten, obgleich in der Höhe von gut 200 Metern Regen und Nebel fast das ganze Jahr über anhalten. In dieser Feuchtigkeit regte sich bei meinen Eltern wieder der Wunsch nach Meer und Sonne. Als ich drei Jahre alt war, beschlossen sie, zur Küste hinunter zu ziehen. Sie ließen ihr kleines Reich hinter sich und gaben es der wuchernden Vegatation preis.

An der Küste war das Wetter gänzlich anders. Die Strände blieben auch dann in Sonnenlicht gebadet, wenn dichte Wolken und Nebelbänke die Bergregionen einhüllten. Das Land war trocken und von einem Dickicht aus einem wenig einladenden »Wald« überzogen, dessen markanteste Gestalten die Baumopuntien sind. Das Buschwerk warf während der Trockenmonate das Laub ab und ließ neues Grün mit dem Einsetzen des Regens sprießen. Hier am Rande einer Lagune und nicht weit von jenem herrlichen weißen Strand erbauten meine Eltern ein neues Haus aus Lavablöcken mitten unter den Baumopuntien.

Jahreszeiten am Äquator

Am Äquator bestimmt nicht der Wechsel des Sonnenstandes den Gang der Jahreszeiten. Vielmehr sind es die Temperaturen des Meerwassers und der zugehörigen Strömungen, die den Klimaverlauf auf den Galapagos-Inseln steuern. Während des Südwinters (Juni bis Dezember) strömen aus den Gewässern vor dem südlichen Südamerika kalte Wassermassen äquatorwärts. Sie werden nach Westen abgelenkt und umspülen so die Galapagos-Inseln, wo sie die kühle Jahreszeit verursachen. Man nennt diesen Abschnitt des Jahres auch die »Garua-Zeit«. Das Wort kommt vom Spanischen und bedeutet Nebel oder Nieselregen, wie er für Galapagos zwischen Juni und Dezember so typisch ist. Das kalte Wasser kühlt die Luft ab und belädt sie mit Feuchtigkeit. Doch die darüber liegenden Luftschichten bleiben warm und hindern die darunter liegenden daran, aufzusteigen und ihre Feuchtigkeit abzuregnen. Nur dort, wo diese nebelschwangere Kaltluft die Bergregionen der Inseln trifft, kann sich die Feuchtigkeit verdichten und Regen bilden. Die Küste bleibt dagegen die ganze Zeit über trocken und niederschlagsfrei.

In der anderen Jahreshälfte wechselt diese Wettersituation vollständig. Von Januar bis Mai ziehen warme Wassermassen aus dem Golf von Panama in Richtung Galapagos. Sie führen heftige Regenschauer mit sich, die auch die sonst so trockene Küstenzone fast in Feuchtigkeit ertrinken lassen. Diese Meeresströmungen machen aber durchaus auch Ausnahmen von ihren Regeln. Manchmal bleiben sie aus. Dann werden die Jahre sehr trocken, wenn auch die »warme Jahreszeit« nicht für genügend Niederschlag sorgt. Wenig einladend verdorrt die Küstenzone, während im Bergland die Dauernebel überaus üppiges Grün erhalten. Dort öffnen die kleinen Orchideen, die hier ihr natürliches Vorkommen haben, ihre blaßgrünen Blüten an den moosbedeckten Ästen der Scalesia-Bäume. Diese Bäume sind riesengroße Verwandte unserer Sonnenblumen, die sich in der besonderen Situation von Galapagos in baumartige Formen entwickelt haben. Im Bergwald bilden sie stille, dampfende Bestände mit ihren Kronenschirmen, die sich zehn oder zwölf Meter über dem Boden berühren. Doch in etwa 700 Metern Meereshöhe weicht der Wald einem windgepeitschten Grasland, das die höchsten Spitzen der Inseln überzieht. Hier jagt die Sumpfohreule mit lautlosen Schwingen nach kleinen Nagern und Vögeln, die sich im Graswuchs versteckt halten. Das tut sie in gleicher Weise wie auf den schottischen Hochmooren oder in den sumpfigen Niederungen Europas und lebt hier als merkwürdiger Fremdling in einer sonst von ganz anderen Tieren beherrschten Welt.

Im grünen Hochland

Oft bin ich im Laufe der Jahre ins Hochland zurückgekehrt. Ich schlenderte an sonnigen Tagen über die sanften grünen Hügel und die glänzenden

Farnkrautrücken. Mein Ziel waren die regenwassergefüllten Teiche und Torfmoosschlenken, die sich im verwitterten Boden erloschener Vulkankrater gebildet hatten. Überall finden sich Höhlen und Spalten als Zeugen der großen vulkanischen Aktivität früherer Zeiten. Majestätische Baumfarne wachsen an ihren Rändern. Manchmal klingt der Ruf der scheuen kleinen Galapagos-Ralle aus dem Dickicht von Gräsern und niederem Astwerk. Diese winzigen Vögel wurden in der Isolation ihrer Heimat nahezu flugunfähig. Sie wagen sich kaum aus der Deckung heraus, in der sie äußerst geschickt unterzutauchen vermögen. Wenn ich sie sehen will, lege ich mich ganz still auf ein Bündel Farnblätter, und mit etwas Glück kann ich darauf warten, daß mich einer dieser schwarzen Vögel aus seinen roten Augen tief anblickt. Wie Feuerfunken glimmen sie im Zwielicht auf, um gleich wieder zu verlöschen.

Viel Glück gehört dazu, auch ihr Nestchen mit den fleckigen Eiern in einem Grasbüschel zu entdecken. Sogar die ganze Familie, die Eltern voraus, die winzigen schwarzen Küken hinterher, läßt sich bei der Suche nach Spinnen und Würmern beobachten, wenn man wirklich bewegungslos liegenbleiben kann.

Die Gegend, die den größten Niederschlag erhält, liegt an der südlichen, windexponierten Seite der Insel. Dort zieht sich ein Pflanzengürtel entlang, der fast ausschließlich aus einer einzigen endemischen Baumart besteht, der Miconia. Diese Zone bildet ein besonders dicht abgeschirmtes Kleinklima, das uns stets aufs neue fasziniert. Epiphytische Flechten und Lebermoose und viele Arten von Farnen wuchern darin. In einer schmalen, üppig bewachsenen Schlucht fand ich die finsteren Baue von schwarzrückigen Hawaii-Sturmtauchern und moosgefüllte Teiche, in denen Libellen ihre Eier ablegten. Sie riefen lebhafte Erinnerungen wach.

Erfahrungen der Kindheit

Unsere zweite Heimat am Strand befand sich in der Nähe einer kleinen Fischersiedlung in der Academy Bay. Eine lange, geradewegs landeinwärts verlaufende Klippe teilt diese Bucht in zwei Hälften. In der einen läßt sich trinkbares Wasser in Lavahöhlungen gewinnen. Es ist noch etwas brackig, aber genießbar. Der Hauptteil der Siedlung befindet sich an diesem Teil, weil der andere kein brauchbares Wasser bietet. Dort leben nur wenige Siedler, die meisten davon Europäer.

Jeder Tropfen Wasser mußte mit dem Ruderboot von der anderen Seite herübergeschafft werden. Aber dafür war es auch der viel schönere Teil der Bucht. Hier, jenseits der trennenden Klippe, wurde unser Haus errichtet.

Als ich viereinhalb Jahre alt war, wurde mein Bruder geboren. Wie alle anderen Kinder hier in dieser Gegend erblickte er zu Hause das Licht der Welt. Einen Arzt oder ein Krankenhaus gab es auf der Insel nicht!

Unsere Kinderjahre vergingen in sorgenfreier Erforschung der Küste. Dort spielten wir im Sand unsere Spiele; dort führten uns erste Entdeckungen immer näher an die Natur und ihre Geheimnisse heran. Die Lagune nahe unserem Haus füllte sich mit jeder Vollmondflut mit frischem Meerwasser. Ganze Schwärme kleiner Fische wurden darin gefangen. Sie zogen Reiher, Stelzenläufer, Möwen und manchmal sogar Pelikane an, die ihnen nachstellten. Hier trafen wir auch die Regenbrachvögel, Steinwälzer und Wasserläufer, von denen wir wußten, daß sie Tausende von Kilometern auf ihrem Weg von Nordamerika her zurückgelegt hatten. Sie jagten den grauen Winkerkrabben nach, deren Turniere wir auf den flachen Schlammbänken so spannend fanden. Daneben grenzte ein grober weißer Sandstrand an, der von einem Mangrovedickicht eingefaßt wurde. Wie Affen kletterten wir darin umher. Zwischen den langen Luftwurzeln schwangen wir uns hin und her. Fielen wir herunter, so machte das nicht viel, denn die elastischen Äste fingen uns auf, so daß wir uns nie verletzten. Im tiefen Schatten des größten Dickichts verschliefen die Gelbkronen-Nachtreiher den Tag. Manchmal nistete auch ein Paar von ihnen hier. Ihre zottigen Jungen blickten uns aus dem Nest aus Mangrovezweigen an.

Bei Ebbe suchten wir nach Muscheln. Wir wußten genau, wo es auf dem ausgedehnten Felsenriff zwischen dem Grus aus Korallen die schönen Conus-Schnecken zu finden gab. In den von der Flut zurückgebliebenen Pfützen zupften kleine Grundeln an unseren Füßen bei unserer Suche. Sogar die glänzend schockoladenbraune und weißgefleckte Kaurischnecke wußten wir zu finden. Entdeckten wir tatsächlich eine, reichten wir sie einem Tintenfisch, dessen Behausung wir kannten. Der Octopus packte sie gierig mit seinen langen Fangarmen und heftete die Tentakeln mit den Saugnäpfen fest. Am nächsten Tag konnten wir sie sauber geputzt und leergefressen wiederbekommen. Nur ein winziges Loch zeugte davon, daß der Octopus den Inhalt herausgesogen und verspeist hatte. Mit Hilfe von Säure bohrte er sich durch die Schale hindurch. Manche Tintenfische waren zuverlässiger als andere. Denn nicht immer bekamen wir die Schale am nächsten Tag wieder. Wir mußten länger warten, bis sie vor dem Versteck abgelegt wurde. Einige warfen sie auch erst weiter draußen weg.

Im Sommer verbrachten wir viele Stunden am Strand. Wir schwammen umher, planschten und tauchten. Bei großer Hitze und ruhiger See gab es nachts ein herrliches Meeresleuchten. Myriaden von mikroskopisch kleinen Organismen erzeugten dieses Licht in den obersten Wasserschichten. In ruhigen Mangrovebuchten war es stets besonders stark. Ganze Lichtschauer jagten hindurch, wenn die leiseste Berührung die Tierchen aufschreckte. Von unserem kleinen Boot aus konnten wir sehen, wie jeder springende Fisch oder vorbeiziehende Hai eine glitzernde Spur nach sich zog. Sie glänzte wie Sternschnuppen am Nachthimmel. Meeresschildkröten wurden in besonders lange Bahnen blauen Glühlichtes gehüllt.

Vieles lernten wir in dieser Zeit über unsere Umwelt. Aber wir mußten auch begreifen, daß wir aufzupassen hatten. Die See konnte mit ihren Wellen und Haien, der Strand mit seinen Klippen und Höhlen oder scharfen Felsblöcken recht gefährlich werden. Wir mußten unsere Grenzen kennenlernen und begreifen, was zu riskant oder was sicher war.

Je älter wir wurden, um so mehr dehnte sich unser Erfahrungsbereich auch auf das Hinterland aus. Dort schienen manche Pflanzen direkt aus der schwarzen Lava zu wachsen. Man konnte sich kaum vorstellen, wie sie ihre Nährstoffe bekamen, denn kein bißchen Boden oder Humus war zu sehen. Auf diesem rauhen Land wuchsen die Baumopuntien zahlreich. Es gab zwei Typen davon, beide von majestätischer Größe und mit stattlichen, blanken Stämmen: Opuntia und Jasminocereus. Das Wachstum dieser Baumkakteen nahm sicher Jahrhunderte in Anspruch. Kein Mensch hat je ihren kompletten Lebenszyklus selbst miterlebt. Diese Baumkakteen waren der Wohnort für eine große Zahl kleiner Finkenvögel. Einige grau, die anderen schwarz, flitzten sie zwischen den Stämmen umher, hüpften über den Grund und verschwanden im niedrigen Buschwerk. Häufig hatten sie ihre Nester in den großen Baumkakteen. Es sind dies die berühmten »Darwinfinken«. Wir lernten die verschiedenen Arten an den unterschiedlichen Schnabelformen und -größen auseinanderzuhalten. Jeder zeigte sich bestens für einen besonderen Typ von Nahrung angepaßt. Auch um unser Haus herum kamen sie vor. Manchmal holten sie sich bei uns sogar Baumaterial für ihre Nester. Der Garten war für sie immer interessant, und einige lernten bald, an unserem Tisch nach Brosamen zu suchen. Jeder Vogel wußte sich auf seine Weise bemerkbar zu machen.

Ein zutrauliches Weibchen setzte sich immer wieder auf unsere Köpfe, rupfte ein Haar heraus und flog damit zur geschlossenen Tür. Das war ihr Zeichen, daß wir die Tür öffnen sollten, damit sie das Haus verlassen oder zur Nahrungssuche hineinfliegen konnte, wenn wir draußen waren. Jahrelang besuchte sie uns. Auch ihr Partner zählte zu den regelmäßigen Besuchern. Er hatte die Angewohnheit, am metallenen Insektengitter an der Tür mit dem Schnabel zu kratzen, um hereingelassen zu werden. Gegen Ende des Sommers brachten sie ihre flügge Brut mit. Später trennte sich dieses Paar ohne für uns ersichtlichen Grund und jeder kam mit seinem neuen Gatten wieder. Doch eines Tages schlüpfte das Weibchen während unserer Abwesenheit ins Haus und ertrank in einem Topf mit Wasserpflanzen. Wir waren sehr traurig und vermißten sie wirklich. Sie zählte lange Jahre zu unseren besten Freunden, und nun war sie gestorben, weil wir nicht aufgepaßt hatten.

Diese Darwinfinken leben erstaunlich lange im Vergleich zu ihren Verwandten in den gemäßigten Breiten, die selten älter als ein paar Jahre werden. Soweit ich zurückdenken kann, gehörten diese kleinen Vögel in unser Leben. Sie sangen ihr rauhes, Zwei-Noten-Gesang an unserem Fenster oder knackten große Samenkörner in den Kroton-Büschen entlang des Weges. Sie waren darin genauso perfekt wie die kleinen Lavaechsen, wenn sie dem spärlichen Insektenleben nachstellten. Kaum 15 cm lang wurden diese flinken Eidechsen, die uns stets aufs neue faszinierten, wenn sie unglaublich geschickt von Lavablock zu Lavablock hüpften und die Fliegen anschlichen. Auch Schmetterlinge, Spinnen und Ameisen erbeuteten sie. Die Männchen sind grauschwarz gestreift, und jedes besitzt ein Territorium von einigen Quadratmetern Fläche, das sie heftigst gegen jeden Eindringling verteidigen. Nur den ein bis drei zugehörigen Weibchen, kenntlich an den auffallend orangeroten Kehlen, bleibt der Zutritt gestattet. Aber diese verjagen andere Weibchen aus dem Revier. Die Lavaechsen gab es überall um unser Haus, und einige bezogen sogar Teile des Gebäudes in ihr Reviersystem mit ein. Jene, die uns regelmäßig zu Gesicht kamen, wurden außerordentlich zahm. Sie holten sich jede Fliege, die wir fingen, und an kalten Tagen wärmten sie sich auf unseren bloßen Füßen. Manch spannenden Einblick in ihr Privatleben gewährten sie uns, und wir lernten sie als kleine Persönlichkeiten kennen. Offenbar taten sich einige, wie auch bei den Finken, leichter damit, sich an die neuen Lebensbedingungen anzupassen, als andere.

Von unseren Eltern erlernten wir eine Menge praktischer Fähigkeiten: das Fischen, freies Tauchen oder auch die Kunst, einen stacheligen Hummer für den Mittagstisch zu fangen. Meine Mutter kaufte nur selten Fleisch in der Siedlung. Statt dessen jagte mein Vater jede Woche nach verwilderten Ziegen, die über die Inseln hergefallen waren. Als ich alt genug war, nahm er mich mit und lehrte mich, die Ziegen zu erlegen und auszuweiden. Daheim trocknete ich die hübschen, glänzend schwarzen oder rotbraunen Felle. Es tat mir leid, die schönen Tiere töten zu müssen, aber das war einfach eine Notwendigkeit zum Überleben. Wir mußten Beute machen, weil wir von dem abhingen, was die Natur bot. Niemals töteten wir irgend etwas, außer zur Ernährung.

Kurz nach der Geburt meines Bruders baute mein Vater ein kleines Boot und verdiente sich den Lebensunterhalt mit Fischen. Die meisten Bewohner von Academy Bay lebten davon. Von Oktober bis März angelten sie mit der Handleine. Die erbeuteten Fische wurden gesalzen und in der Sonne getrocknet. Die meisten von ihnen gingen nach Guayaquil, wo sie als traditionelles Osteressen verkauft wurden.

Jeden Morgen zogen wir ein Netz durch die Bucht, um Köderfische zu erbeuten. Seevögel umschwärmten uns jedesmal, um einige der gefangenen Fischlein zu schnappen. Eines Tages näherte sich ein gerade flügger Lavareiher ganz vorsichtig. Ich erinnere mich genau, wie er ruhig einen kleinen Fisch aus meinen Fingern nahm. Langsam erhielt ich das Vertrauen dieses Vogels. Schließlich wurde er richtig zahm und zutraulich. Als er älter wurde, zeigte sein Gefieder, daß er kein Er, sondern eine Sie war. Ich nannte sie Savins, obwohl ich keine Ahnung habe, warum mir gerade dieser Name eingefallen war.

Sooft ich sie mit diesem Namen rief, kam sie aus dem Mangrovedickicht geflogen. Auch Fregattvögel und Pelikane waren stets dabei, wenn die Fische ausgenommen wurden. Besonders die Fregattvögel segelten mit unbeschreiblichem Können ruhig am Nachmittagshimmel und warteten, bis wir etwas Freßbares über Bord warfen. Dann aber schossen sie wie ein vibrierendes Federbündel herunter, flatterten über dem Meer, und der geschickteste holte sich mit einem raschen Schlag des langen Schnabels die Beute. Die Pelikane blieben auf dem Wasser sitzen und blickten uns erwartungsvoll an. Der riesige Schnabel war stets leicht geöffnet, um schnell zupacken zu können. Auch sie nisteten in der nahegelegenen Mangrove, und das heisere Zischen ihrer hungrigen Jungen konnte man hören, sobald sich ein Altvogel mit Futter den Nestern näherte.

Ums Haus hatten wir auch eine Herde zahmer Ziegen. Sie lebten frei und zogen nachts zur Nahrungssuche ins Hinterland. Aber jeden Morgen kamen sie zurück und ließen sich melken. Wir versuchten weiße oder helle, hornlose Ziegen zu züchten, damit sie die Jäger von den verwilderten gut unterscheiden konnten. Die kleinen Jungtiere wurden nachmittags und nachts zurückbehalten, während ihre Mütter auf der Suche nach Nahrung umherstreiften. Sie waren sehr hübsch und recht wild. Stunden verbrachten wir damit, sie beim Herumtollen zu beobachten. Jede Ecke des Hauses kundschafteten sie aus. Auch am Strand rannten wir mit ihnen umher. Aber die Zeiten änderten sich. Immer mehr Leute zogen auf die Inseln, und einige kamen darauf, daß man die Wildziegen für gutes Geld aufs Festland verkaufen konnte. Sie stellten die Ziegenherden mit abgerichteten Hunden und verfrachteten sie auf kleine Schiffe zum Transport nach Südamerika. Dabei rissen einige Hunde aus, liefen Amok und töteten viele von unseren zahmen Ziegen. Das zwang uns, unsere Ziegen selbst zu schlachten, bevor sie unter den Zähnen mordgieriger Hunde verbluteten. Als die Ziegen weg waren, schien auch ein Stück unserer Kindheit vorbei zu sein.

Aufwachsen in Freiheit

Als wir heranwuchsen, gab es etwa acht weitere Kinder in unserer Nachbarschaft. Sie stammten von verschiedenen Nationen ab und keine Sprache beherrschte uns. Die meisten sprachen Deutsch, wenige konnten nur Englisch, während mein Bruder und ich uns meist auf Französisch unterhielten. So lernten wir ganz automatisch die verschiedenen Sprachen und konnten jederzeit zur anderen wechseln, wenn es nötig war. Alle Kinder bekamen natürlich von daheim die Muttersprache mit.

Meine Eltern waren der Ansicht, daß wir auch in dieser Ecke der Welt lesen, schreiben und rechnen lernen sollten. Soweit wie möglich erhielten wir jeden Morgen von Mutter Unterricht. Aber immer wieder gab es wichtigere Dinge, die dazu zwangen, die Unterrichtsstunden aufzuschieben oder ausfallen zu lassen. Viele der Nachbarskinder verbrachten später mehrere Jahre in Ecuador, Deutschland oder in den Vereinigten Staaten, um ihre Schulbildung abzuschließen. Auch für mich gab es diese Möglichkeit, aber ich entschied mich gegen sie. Ich wollte hierbleiben und selbst etwas lernen. Anstatt mich in die Konkurrenzwelt der Hochschultitel und in die Jagd nach Jobs hineinzustürzen, fing ich an, mich immer tiefer in das Naturgeschehen um mich herum hineinzuvertiefen.

Meine Eltern hatten jetzt ein neues Boot erstanden. Mit sieben Metern Länge und ausgerüstet mit Motor und Segel war es groß genug, uns auch zu den anderen Inseln des Archipels hinüberzutragen.

Schritt für Schritt erreichte der Fortschritt auch Galapagos. Es gab immer mehr Menschen und Möglichkeiten. Eine Straße wurde ins Hochland hinauf gebaut, auf der die Farmer ihre Produkte zum Hafen herunterbringen konnten. Sie erschloß neue Gebiete im Inland. Weniger Sturmtaucher geisterten durch die Nebelnächte. Jede Woche kam nun ein Flugzeug von Ecuador herüber. Es brachte einen wachsenden Strom von Touristen mit sich, die die Inseln besuchen wollten und Kreuzfahrten unternahmen. Doch wir stellten zufrieden fest, daß sich abseits auf den unbewohnten Inseln Galapagos noch nichts so schnell veränderte. Noch immer können wir die rauhen Küstenklippen entlangsegeln und tagelang keine Spur eines Menschen antreffen.

Das neue Land entsteht

Der Anfang

Als Jugendliche bereisten mein Bruder Gil und ich viele der Galapagos-Inseln. Zahlreiche Eindrücke gruben sich von diesen Fahrten in unser Gedächtnis. Ich erinnere mich an jenen Tag, an dem ich auf einem flachen Felsblock am Strand von Fernandina saß. Die rissige Lava dieses fast unbewachsenen, vulkanischen Gebietes wurde zum Teil von niederhängenden Nebelschwaden bedeckt, die vom Ufer aufstiegen. Doch die wärmende Morgensonne löste den Wasserdampf allmählich auf und enthüllte die rauhen Klippen hinter der Bucht und die schwarze Silhouette des mächtigen Vulkans. Ich wußte, daß dies die wahrscheinlich jüngste Insel der ganzen Gruppe war. Der Vulkankegel war das Ergebnis einer endlosen Reihe von Tausenden von Ausbrüchen, die am Meeresboden angefangen hatten, den Lavaberg immer höher anwachsen ließen, bis er jetzt fast 1500 Meter Höhe über dem Meer erreichte. Während mein Blick über die schwarzgerippten Bergflanken schweifte, dachte ich darüber nach. Der Vulkan war auch heute noch aktiv, und nichts deutete darauf hin, daß seine Tätigkeit nachlassen würde. Und ich versuchte mir vorzustellen, wie dies alles begann.

Damals, vor Urzeiten, hatte die Erde schon fast ihre heutige Gestalt angenommen. Die Kontinente waren in ungefähr jene Positionen verdriftet, die sie heute einnehmen. Viele der noch existierenden Tiere und Pflanzen gab es damals schon. Da setzte der geheimnisvolle Mechanismus der vulkanischen Aktivität am Meeresboden ein und schuf eine neue Struktur, fast genau unter dem Äquator und gut 1000 Kilometer vom Festland entfernt. Ein Riß sprengte den Meeresboden im östlichen Pazifik und wölbte dicke Lagen von Sedimenten und Basaltgestein auf. Die Hitze des Erdinneren traf auf die eisige Kälte der Meerestiefen, als sich die ersten Lavaströme aus dem Riß ergossen. So stellte ich mir die Geburt der Inseln vor. Aber vielleicht verlief sie auch weniger dramatisch und ganz allmählich. Auf jeden Fall war es aber das Entstehen einer neuen Vulkanreihe, die eines Tages die Galapagos-Inseln formen sollte. Der langsame, für den schnellebigen Menschen nicht direkt erfaßbare Prozeß lief weiter. Eine untermeerische Eruption folgte auf die andere, wenn sich neue Risse öffneten und Lavaströme zu fließen begannen. Wo die Kruste etwas flexibler war, wurde sie von der sich ansammelnden Lava hochgehoben. Jahrmillionen vergingen und verformten den Meeresboden. Immer weiter rückten die Lavakegel an die Oberfläche heran. Schon damals müssen die Hänge der Vulkane unter Wasser von Meerestieren besiedelt gewesen sein. Ihre Vielfalt und Dichte nahm zu, je mehr sich die Kegel der durchlichteten, obersten Zone des Meeres näherten. Dann brach eines Tages einer davon durch die Oberfläche. Das geschah vor rund vier Millionen Jahren. Eine Zeitlang explodierten die Lavaströme, wenn sie auf das Meerwasser stießen. Gewaltige Aschenfontänen und donnernde Dampfwolken stoben himmelwärts. Je mehr Material sich aber ansammelte, um so ruhiger wurden die Ausbrüche, weil Lava und Wasser getrennt blieben. Die Inseln traten in eine neue Phase der Entwicklung ein. Die nachfolgenden Lavaströme wurden zähflüssiger und widerstanden der Brandung.

So wuchs die Insel heran. Für die ersten Seevögel, die sie bei ihren Streifzügen über den Ozean entdeckten, muß sie wie ein lebensfeindlicher Schlacken- und Aschenberg gewirkt haben, der in der hochstehenden Sonne gleißte.

Eine Geographie des Wechsels

Bald schon, nachdem die erste Insel die Meeresoberfläche erreicht hatte, folgten weitere nach. Bei anderen dauerte es noch viele Jahrtausende. Die Abfolge, mit der die einzelnen Inseln auftauchten, ist noch eines der großen Rätsel, steht sie doch in engstem Zusammenhang mit Art und Verlauf der Besiedelung durch das Leben.

Zweifellos gab es noch ziemlich starke vulkanische Aktivität während und nach der Entstehung der ersten Inseln. Der Druck unter dem Meeresboden veränderte sich, die Topographie verschob sich und manche Inseln verschwanden wieder im Wasser. Andere dagegen wurden größer und wuchsen zusammen zu einer imposanten Masse. Gewisse Inseln brachen überhaupt nicht aus, sondern hoben sich durch laufende Ansammlung von dickflüssiger Lava ganz allmählich aus dem Meer empor. Dabei zerbrachen sie in bizarre Blöcke, von denen einige heute noch existieren. Unserem forschenden Auge erscheinen sie als die ältesten des Archipels, aber vielleicht sind noch viel ältere unter den immer wieder aufs neue fließenden Lavaströmen verborgen. Auch heute geht dieser Prozeß weiter. Fast jedes Jahr gibt es neue Eruptionen und Lavaergüsse über die Flanken der Berge. Viele Fumarolen jagen Dampf und Gase empor.

Galapagos befindet sich, wie wir heute wissen, in einem Meeresbereich, an dessen Boden sich vulkanische Aktivität besonders intensiv äußert. Nur wenig von den Inseln entfernt verläuft das Galapagos-Riff unter Wasser. Die Canyons sind übersät mit unterseeischen Fumarolen. Über 1000 Kilometer erstreckt sich diese Bruchzone zum großen Ostpazifischen Graben hinüber, der einen der größten Risse in der Erdkruste darstellt. Er versorgt die auseinanderweichenden Platten des östlichen Pazifiks mit neuem Material. Ein Abschnitt daraus, die Nasca-Platte, driftet mit den Galapagos-Inseln langsam auf Südamerika zu. Dort wird sie unter dem Druck der gewaltigen Kontinentalmasse und der sich auftürmenden Anden in die Tiefe gezogen und eingeschmolzen. Etwa 14 Millionen Jahre liegen noch vor den Galapagos-Inseln, bis sie unausweichlich in dieses Schicksal hineingezogen werden, wenn man die gegenwärtigen Driftgeschwindigkeiten zugrunde legt.

Die Vulkane der Galapagos-Inseln werden als Schildvulkane bezeichnet. Sie bestehen aus großen, aber niedrigen, ausgedehnten und meist symmetrischen Kegeln, die von Tausenden und aber Tausenden dünnflüssiger Lavaströme aufgeschichtet worden sind. Einige der Inseln stellen ein Konglomerat verschiedener Vulkankegel dar, die ihnen ein sehr unregelmäßiges Aussehen verleihen. Andere bestehen aus einem einzigen riesigen Schildvulkan, der sich mehrere tausend Meter vom Meeresboden bis zur gegenwärtigen Höhe über dem Meeresspiegel erhebt. Die Kuppen tragen zumeist im Zentrum des Gipfels ausgedehnte Krater. Man bezeichnet sie als Caldera, und sie sind durch Aushöhlung des Gipfels entstanden. Manche erreichen auf den Galapagos-Inseln Durchmesser von zwei bis zehn Kilometern. Die beiden westlichsten Inseln, Isabela und Fernandina, bestehen aus sieben aktiven Vulkanen. Bis zum heutigen Tag hält das langsame Wachstum der Vulkane an, weil sich von Zeit zu Zeit neue Lavaströme über ihre Flanken ergießen.

Dieser Vulkanismus zählt zu den faszinierendsten Naturerscheinungen. Wenn ich die Kegel und Krater studiere, verliere ich mich in Zeit und Raum. Ein feines Muster von grauer, brauner oder schwarzer Lava läßt meine Zeitbegriffe verschwimmen. Es kriecht die Hänge empor, die gipfelwärts immer steiler werden. Der ganze Vulkan sieht aus der Ferne so glatt und ebenmäßig aus, der Gipfel scheint gerundet. Doch wenn man hinaufklettert, entdeckt man erst die riesige Caldera. In ihr hat die titanische Energie des Erdinnern gearbeitet. Aschen und Schründe, gewaltige Felsblöcke, Klippen und dunkle Lavastränge gestalten eine ganz ungewöhnliche Landschaft, die da und dort noch dazu von den weißen Säulen dampfender Fumarolen durchstoßen wird. Hier hat sich das Innere der Erde nach außen gekehrt.

Ursprünge des Lebens

Selbst hier, in dieser so unwirtlichen und vulkanisch aktiven Gegend der Welt, existieren viele Lebewesen. Einige von ihnen scheinen sogar ganz gut zu gedeihen. An den verschiedenfarbenen Lavaströmen von Fernandina entdeckt man helle Flecken. Es sind Vegetationsinseln, die den zerstörerischen Kräften des Vulkans entgangen sind. Viele hervorragend angepaßte Pflanzen wachsen hier. Gelbe Landleguane streifen umher, und kleine Finken nisten in der Vegetation. Auf den großen Vulkanschilden von Isabela, die von der Vegetation überzogen sind, leben Riesenschildkröten und pflanzen sind langsam über die Jahrhunderte hinweg fort. Selbst das ödeste Stück Land zeugt von der Anwesenheit des Lebens.

In den feuchten Scalesia-Wäldern im Hochland von Santa Cruz streckt sich eine große Vielfalt zarter Blätter dem Licht entgegen. Sie überdecken sich vielfältig, und ich sinnierte darüber nach, durch welche Verkettung von Umständen und Zufällen sie hierher verfrachtet worden sein mögen, wo sie um das lebensnotwendige Licht konkurrieren. Zwischen den weit ausladenden Farnwedeln und zarten Flecken gelber Flechten überziehen Bärlappe die Baumstämme. Ich sehe sie mir genauer an und entdecke, wie sich ihre gefiederten Stämmchen genauso wie Bäume dem Licht entgegenrecken. Die Sonnenstrahlen, die das Blattwerk noch passieren können, lassen die goldgelben Sporangien wie Bernstein aufblitzen. War dieses Gewächs vielleicht eines der ersten, das auf Galapagos Neuland gefunden hatte?

Die Bildung des Archipels muß noch in vollem Gange gewesen sein, als die Erstbesiedlung einsetzte. Mag sein, daß dieses ganz besondere Ereignis in einer schattigen Spalte stattfand, wo ein paar Sporen – so winzig, daß sie fast der Schwerkraftwirkung entzogen sind – von einer günstigen Brise angeweht worden sind. Eine große Strecke mußten sie zurückgelegt haben. Vielleicht kamen sie von irgendwo aus Südamerika? Sicher hatte der Wind schon unzählige solcher Sporen auf die nackte, sonnendurchglühte Lava angeweht, bis das passende Fleckchen durch Zufall gefunden wurde. Alle anderen gingen auf der Lava zugrunde. Auch Feuchtigkeit mußte in genügender Menge in jener Felsspalte vorhanden gewesen sein, um den ersten Sporen das Keimen zu ermöglichen. Dann konnte der wunderbare Prozeß der Photosynthese beginnen, der den Boden bereitete für die nächsten Ansiedlungen. Die Gewächse breiteten sich aus und überzogen die passenden Spalten.

Drüben am südamerikanischen Kontinent traten nach heftigen Regenfällen die Flüsse immer wieder über die Ufer und rissen Pflanzen und Wurzelwerk mit sich. Ganze Klumpen davon werden laufend ins Meer gespült, seit die Flüsse fließen. Sind sie groß genug, dann treiben sie wie Flöße oft lange auf dem

Meer. Ganze Pflanzen, Keimlinge oder Samen stecken darin, ja selbst kleinere und größere Tiere vermögen darauf eine Zeitlang zu überleben. Manchmal tragen diese schwimmenden Inseln sogar Reptilien, Säugetiere oder Landvögel mit sich. Doch die meisten erreichen niemals wieder Land. Sie lösen sich draußen in den Weiten des Meeres auf und lassen ihre unglücklichen Mitfahrer ertrinken. Aber einige überleben dennoch. Die Vegetationsballen sind mitunter so dicht und enthalten sogar hohe Baumstämme, so daß sie auf die Hochsee mit den Meeresströmungen hinausgetragen werden können, und nach monatelanger Reise glückt es vielleicht einem kleinen Teil solcher Flöße, an irgendeiner Insel – vielleicht gerade an den Galapagos – an Land getrieben zu werden.

Einmal an Land, wartet ein weiteres Überlebensproblem auf die unfreiwilligen Passagiere. Sie müssen einen für sie passenden Lebensraum finden, in dem sie zunächst überleben und dann im Laufe der Zeit vielleicht sogar einen Anpassungsprozeß durchmachen können. Ein einzelner Organismus schafft das nicht, wenn er sich nicht – wie die einfachsten Lebewesen – durch Teilung oder andere ungeschlechtliche Vorgänge fortpflanzen kann. Es müssen also auch passende Partner überlebt haben, und für den Nachwuchs müssen geeignete Bedingungen vorhanden sein. Zieht man all diese Schwierigkeiten in Betracht, so muß es fast wie ein Wunder erscheinen, daß das Leben solch entfernte Inselwelten überhaupt erreichen konnte. Und doch gelang es vielen Hunderten von Tier- und Pflanzenarten, sich auf den Galapagos-Inseln einzunisten. Jahrhunderttausende waren hierzu nötig!

Sicher wurden nicht alle über »Flöße« antransportiert. Einige Pflanzensamen und kleinere Insekten brachte der Wind. Sie können Hunderte von Kilometern von den Luftströmungen getragen und verfrachtet werden. Doch die größeren und schwereren Samen können nicht den Weg der feinen Sporen der Moose und Bärlappe genommen haben. Sie mußte das Meer nach langer Drift an Land spülen. Einige wenige Arten mögen auch aus eigener Kraft die Inseln erreicht haben und die Distanz vom Festland geflogen oder geschwommen sein.

So einfach dies klingt, so unglaublich groß muß die Zahl der erfolglosen »Versuche« gewesen sein. Wieder und wieder wurden Pflanzen oder Tiere am Strand angespült, wo sie der sichere Tod erwartete, weil die betreffenden Arten noch keine Lebensmöglichkeiten dort finden konnten. Die Reihenfolge mußte stimmen, sonst gab es keinen Erfolg! Zunächst hatten nur jene wenigen Pflanzen Chancen, die nicht von organischer Bodensubstanz abhängig sind. Erst sie konnten den Weg für die anderen bereiten und nach und nach ein noch höchst empfindliches Lebensgefüge aufbauen.

Während sich die kleine Ansiedlung von Bärlappen ausbreitete, die vielleicht die erste Besiedlung ausmachte, fanden sich auch Flechten ein, um über ihre besondere Gemeinschaft zwischen Pilz und Alge das Muttergestein aufzuschließen. Vielleicht waren sie überhaupt die ersten, die Fuß fassen konnten. Winzige Taschen von »Humus« entstanden, als zersetzende Bakterien die abgestorbenen Pflanzenkörper aufarbeiteten. Das verschaffte weiteren Pflanzen die Ansatzpunkte. Inzwischen mögen auch die Seevögel die Inseln als willkommene Brutstätten entdeckt haben. Sie brachten weitere Lebewesen von anderen Küsten mit, wenn die Vögel Hunderte oder sogar Tausende von Kilometern überm Meer zurücklegten, ohne das Wasser zu berühren. So verbreiteten sie zahlreiche Samen und Insekten, ja sogar kleine Schnecken recht erfolgreich. Die Brutkolonien der Seevögel nährten Fliegen und andere Insekten durch den Abfall, den sie produzieren.

Der ganze Besiedelungsprozeß nahm unvorstellbar lange Zeiträume in Anspruch. Je mehr Organismen angekommen waren und überlebten, um so schneller konnte die Geschwindigkeit jedoch werden, weil sich rasch auch wechselseitige Beziehungen zwischen den Arten aufbauten. Bald setzte die neu entstandene Lebensgemeinschaft auf den Inseln den weiteren Ankömmlingen auch Widerstand entgegen. Denn jeder, der sich darin etablieren wollte, sah sich einem immer besser funktionierenden Gefüge gegenüber, das sich entweder auf den Neuzugang einstellen mußte oder den Ankömmling abwehrte. Selbst gut angepaßte Formen auf den Inseln dürften immer wieder einmal von erfolgreicheren Neusiedlern verdrängt worden sein.

Zunächst einmal waren es aber vornehmlich Ankömmlinge aus dem zentral- und südamerikanischen Raum, die sich nun auf den Inseln ganz anderen Lebensbedingungen als auf dem Festland ausgesetzt sahen. Sie mußten ihren Lebensstil ändern, wenn sie das Überleben schaffen sollten, oder untergehen. Wahrscheinlich waren sie zunächst schlecht angepaßt. Das machte so lange nichts aus, bis sich ihre Bestände so stark vergrößert hatten, daß Konkurrenz um die Lebensgrundlagen, um Nahrung, Deckung und Partner, einsetzte. Dieser Konkurrenzdruck bewirkte einen faszinierenden Vorgang: die natürliche Selektion.

Evolution

Zum kontinentalen Ausgangsbestand der angekommenen Arten ließ sich natürlich praktisch kein Kontakt mehr halten. Die Neuankömmlinge waren isoliert und konnten weder ihre Erbanlagen mit den Individuen vom Festland austauschen, noch trugen sie all jene Erbinformation mit sich, über die die

Art als Ganzes verfügt. Ganz kleine Gruppen waren es sicher, die sich nun auf den Inseln fortpflanzen mußten. Für sie bedeutete dies eine vollständige Isolierung, denn die Chancen, daß Artgenossen mit der Zeit wieder herüberkämen, waren einfach zu gering. Die Isolation beschleunigte aber einen Vorgang der allmählichen Anpassung, der als Evolution bezeichnet wird, weil das Erbmaterial der Inselbewohner nicht mehr mit dem großen Reservoir auf dem Festland gekreuzt und ausgetauscht werden konnte. Die persönlichen Eigenschaften der einzelnen Individuen mußten so stärker zum Tragen kommen. In der Nachkommenschaft bedeutete aber schon der geringste Vorteil, der mit einer besonderen Erbanlage verbunden war, einen gewaltigen Gewinn. Solche Erbanlagen wurden schnell immer bedeutender und verdrängten andere, während sie in den großen Beständen auf dem Festland immer wieder durchgemischt worden wären und sich – wenn überhaupt – nur ganz allmählich hätten durchsetzen können. Mit der Änderung der genetischen Zusammensetzung verändern sich aber häufig auch das Aussehen und die Fähigkeiten. Überleben kann nur, was den veränderten Lebensbedingungen besser angepaßt ist, so daß die Umwelt in stetem Wechselspiel auf die Organismen einwirkt. Sie werden so geformt, daß sie immer besser zu den Bedingungen »passen«. Dieser Vorgang der stetigen Anpassung ist der zentrale Inhalt dessen, was wir als Evolution – also langsame Fortentwicklung – bezeichnen.

Evolution ist zwar Theorie, weil die Lebensspanne des Menschen nicht ausreicht, um diesen Prozeß auch bei größeren Organismen direkt beobachten zu können, aber die indirekten Beweise sind so überzeugend, daß die Evolutionstheorie heute allgemein angenommen wird.

Inseln wie die Galapagos trugen in ganz besonderem Maße zu unserem Verständnis der Evolutionsvorgänge bei. Sie sind vom Festland sehr stark isoliert, und selbst im Archipel bildet jede einzelne Insel eine Einheit für sich. Wie eine einfache Ausfertigung einer höchst komplizierten Formel zeigen diese Inseln, wie Isolation und Selektion bei der Ausbildung neuer und unterschiedlicher Anpassungsformen von Tieren und Pflanzen zusammenwirken. Einige Organismen lassen sich bis auf ihre ferne Herkunft vom Festland zurückverfolgen. Manche zeigen schon zwischen den Inseln ausgeprägte Unterschiede, die sich klar von einer Stammform ableiten lassen, die ihnen allen gemeinsam gewesen war. Eine merkwürdig sanfte Harmonie bestimmt ihr Leben auf diesen Inseln, wo sie sich in einer Welt ohne Feinde entwickeln konnten. Ganz besondere und unerwartete Formen finden sich unter ihnen.

Darwinfinken

Von allen Tieren der Galapagos-Inseln spielten die dreizehn Arten der Darwinfinken die bei weitem wichtigste Rolle zur Klärung der Mechanismen der Evolution.

Auf dem höchsten Gipfel eines Riesenkaktus singt einer dieser kleinen Vögel mit dem enorm großen Schnabel seinen einfachen Zwei-Noten-Gesang in den Morgen. Ganz in der Nähe stochert ein anderer von ganz ähnlicher Größe und Färbung in den leuchtendgelben Blüten einer Opuntie. Sein Schnabel ist jedoch lang und spitz ausgezogen, obwohl er mit breiter Basis ansetzt. Wenn er so in der Blüte nach Nahrung sucht, bepudert er sich seinen ganzen Kopf über und über mit Pollen. Dahinter am Strand hüpft wieder ein anderer mit winzigem Schnabel zwischen den Scharen ruhender Meerechsen umher und zupft von Zeit zu Zeit eine mit Blut vollgesogene Zecke von ihren schwarzbeschuppten Körpern herunter.

Diese drei Beispiele erläutern die große Anpassungsfähigkeit der Darwinfinken. Es gibt viele Beispiele in der Welt, die eine Aufspaltung der Ausgangsarten in eine ganze Reihe neuer zeigen. Das Besondere bei den Darwinfinken liegt mehr darin, daß sie ihren Entwicklungsweg so direkt und offenkundig vor Augen halten, weil sie alle zusammen noch eng genug miteinander verwandt sind. Sie tragen das Grundmuster im Körperbau und im Verhalten so deutlich zur Schau, daß die Abweichungen in der Anpassung der Schnäbel um so stärker zum Ausdruck kommen. Alle bauen sie noch die gleichen rundlichen, überdachten Nester mit seitlichem Eingang. Aber jede Art nutzt ihre ganz besondere Nische im Erwerb der Nahrung aus.

Als die ursprüngliche Finkengruppe, deren Herkunft man nicht genau kennt, auf den Galapagos-Inseln ankam, fanden die Vögel dort eine ganz andere Umwelt vor als in ihrer Heimat. Aber das Neuland bot ihnen etwas ganz Besonderes: eine Umwelt, in der praktisch noch keine Wirbeltiere lebten, die die vorhandenen Nahrungsvorräte hätten ausbeuten können. Es war die Anpassung an die vielfältigen neuen Nahrungsquellen, die den Umbau der Schnäbel – von ganz dicken und kräftigen zu feinen und pinzettenförmigen – bewirkte. Heute finden wir den Kaktusfinken mit seinem langen, spitzen Schnabel an den Blüten und Früchten der Opuntien, aber auch den laubsängerartigen Vetter, der einem echten Laubsänger in Gesang und Verhalten ähnelt. Der Große Baumfink trägt einen scharfen, fast papageiartigen Schnabel, und der Spechtfink übernimmt die Rolle der Spechte oder Kleiber anderer Regionen. Doch sein Schnabel scheint hierzu nicht sonderlich geeignet. Auch der übrige Körperbau verursacht Probleme, wenn er in der Art der Spechte auf Nahrungssuche an dicken

Zweigen im Geäst loszieht. Mit dem ganzen Körper muß er schwingen, um seinen Schnabelhieben den nötigen Nachdruck zu verleihen. Wie ein Akrobat windet er sich um die Zweige und bearbeitet die Borke oder Rinde. Aber es fehlt ihm der typische Spechtschnabel für diese Form der Nahrungssuche. Den Nachteil überspielt er in faszinierender Weise mit Hilfe eines Werkzeugs. Er bricht sich einen spitzen Kaktusstachel ab und kürzt ihn auf die passende Länge. Dann klemmt er ihn so in den Schnabel, daß er ganz ähnlich wie die Spechte damit in den Ritzen und Spalten nach Larven herumstochern kann. Dies ist eines der ganz wenigen Beispiele für Werkzeuggebrauch bei Vögeln.

Warum gingen die Leguane ins Meer?

Einmal saß ich auf der zerrissenen Lava am Strand von Punta Espinosa auf der Insel Fernandina und sah der Sonne zu, wie sie langsam im Westen unterging. Sie warf einen merkwürdigen Schimmer auf die dunklen Wellen des Meeres, die wie die Oberfläche einer erstarrten Masse wirkten. Hart an der Wasserkante vor mir lag eine Gruppe fast schwarzer Reptilien. Sie trugen einen langen, schuppigen Schwanz, kurze Beine mit scharfen Klauen und eine Stachelreihe lief vom Kopf aus den Rücken genau in der Mitte herunter. Man bezeichnet sie meist als häßlich, aber hier in ihrer natürlichen Umwelt wirkten sie geradezu schön. Es war eine Gruppe der berühmten und in ihrer Art ganz einmaligen Meerechsen von Galapagos. Obwohl ich sie fast täglich seit meiner frühesten Kindheit gesehen habe, saß ich jetzt da und dachte über ihre Existenz nach. Große Wellen rollten langsam heran und brachen sich hinter ihnen in weißer Gischt im verlöschenden Abendlicht. Sie rückten näher zusammen, um sich für die Nacht warm zu halten. Einer von ihnen drehte kurz den Kopf und sah mich sekundenlang wie prüfend an. Dann schliefen sie ein.

Ich habe mich immer gewundert, weshalb ausgerechnet diese Echsen vom Meer abhängig geworden sind. Keine andere Echse der Welt lebt so wie sie! Vielleicht kamen ihre Vorfahren mit einem Floß aus Baumstämmen an, mit dem diese Waldbewohner an die verlassene Küste geschwemmt worden sind. Aber wie schafften sie die Anpassung an das Meer als Lebensraum? Sie müssen jetzt Seewasser aufnehmen und im Körper damit zurechtkommen, ja sie müssen sogar nach Algen schwimmen und tauchen! Wahrscheinlich gab es zuwenig Vegetation auf den Inseln, als die Vorfahren der Meerechsen ankamen. Sie ist im Küstenbereich auch heute meist noch recht spärlich entwickelt. Ans Ufer gespülte Algen haben vielleicht die ursprüngliche Nahrung der Echsen ergänzt und ihnen das Überleben und die erfolgreiche Fortpflanzung ermöglicht. So konnten sie sich anpassen. Aber viele Abschnitte auf diesem Weg stellen immer noch ein Geheimnis dar.

Die Sonne glitt unter den Horizont. Ein feiner Nebel aus der Gischt der Wellen driftete landeinwärts und nahm die Feuerfarbe des Sonnenunterganges an. Gegen dieses diffuse Licht zeichneten sich die Meerechsen in jeder Einzelheit ab. Sie glichen in ihren Silhouetten der rissigen Lava, auf der sie lagen. Wieder kam eine Nacht, und darauf würde ein neuer Tag in jenem endlosen Wechsel folgen, der allem Leben das Dasein, die Anpassung und das Überleben ermöglicht.

Entdeckungen ohne Ende

Die Ankunft der Menschen

Lange Zeiten blieben die Galapagos-Inseln jenen Lebewesen vorbehalten, die sich darauf entwickelt hatten. Sie lebten paradiesisch, denn keine richtigen Raubtiere hatten diese Inseln erreicht. Furchtsamkeit war dort nicht notwendig zum Überleben.

Dieses Idyll fand am 10. März 1535 ein jähes Ende, als ein spanischer Bischof durch Zufall die erste Insel der Gruppe entdeckte. Er war von Panama nach Peru unterwegs gewesen, doch die Segel bekamen in einer anhaltenden Flaute nicht genügend Wind. So trieb das Schiff hilflos mit der Meeresströmung westwärts – genau in der gleichen Weise wie die Pflanzen und Tiere, die lange vor ihm Galapagos besiedelt hatten. So entdeckte Pater Tomas de Berlanga diese Inseln. Vielleicht waren er und seine Männer aber gar nicht die ersten Menschen, die ihren Fuß an die Küsten von Galapagos gesetzt hatten. Eine Inka-Sage erzählt von einem König, der vor langer Zeit eine weite Reise in den Pazifik unternahm und auf entlegene Inseln stieß, die er »Feuerinseln« nannte. Ob dies die Galapagos-Inseln waren? Jedenfalls hinterließ der Inka-Herrscher keine Spuren, und gewiß schädigte er auch die dortige Natur nicht, wie so viele Besucher nach ihm.

Mit der Landung des Bischofs begann in der Tat ein trauriges Kapitel für die sanften Bewohner dieser Inseln. »Galápagos« war der spanische Name für die Riesenschildkröten, die es dort in großer Menge gab. Die Bezeichnung hängt mit der sattelähnlichen Form der Schildkrötenpanzer zusammen. Allmählich wurden die Inseln unter den alten Seefahrern berühmt wegen dieser Schildkröten, und so gaben sie ihren Namen dem Archipel. Jahrhundertelang kamen viele Schiffe aus aller Herren Länder und ankerten an den Stränden. Abertausende der hilflosen großen Reptilien wurden eingesammelt und unter Deck verstaut. Sie dienten als lebendige Fleischquelle, denn die Tiere konnten monatelang ohne Nahrung und sogar ohne Wasser auskommen. Auf den langen Fahrten der Segelschiffe über den Ozean waren sie daher besonders willkommen. Immer weiter rückten die Schiffsbesatzungen ins Inland vor, als die Riesenschildkröten an den Stränden immer seltener wurden. Man schätzt, daß in den vergangenen drei Jahrhunderten mehrere Hunderttausend Schildkröten gefangen worden sind.

Sie hatten auf den verschiedenen Inseln unterschiedliche Rassen entwickelt. Viele davon gerieten immer näher an die kritische Grenze, ab der ein Aussterben unvermeidlich war. Mit jedem Jahr, das verstrich, wurde die Lage für die Riesenschildkröten prekärer. Sie verschlimmerte sich weiterhin durch die verwilderten Haustiere, die absichtlich oder unabsichtlich die Freiheit erhielten und die sehr empfindliche Natur der Inseln durcheinanderbrachten. Hunde und Schweine griffen die größeren Wirbeltiere an, während Katzen, Ratten und Mäuse über die kleineren Tiere herfielen. Inzwischen zerstörten Rinder, Pferde, Esel und Ziegen weite Bereiche der Vegetation. Es war das gleiche Trauerspiel, das überall in der Welt ablief, wo sich der Weiße Mann ausbeutend und plündernd niederließ. Der Mensch bekämpfte die Natur, wo immer er hinkam, und bemerkte nicht, daß er das Gleichgewicht mit der Natur aufs Spiel setzte und verlor. Aber in den Augen jener großen Seefahrer des siebzehnten, achtzehnten und neunzehnten Jahrhunderts war diese Ausbeutung der Natur einfach eine Überlebensfrage. Ihre Reisen waren lang und gefährlich. In ihrer Sicht zeigte sich Galapagos als bedrohlich, unwirtlich und bedrückend. Wenn sie nicht jede Ecke der Küsten kannten, liefen sie Gefahr zu verdursten, denn Süßwasser war immer rar auf diesen porösen, vulkanischen Eilanden.

Im achtzehnten Jahrhundert kamen in den abgelegenen Buchten immer wieder Freibeuter und Seeräuber an Land. Sie starteten von hier aus ihre Raubzüge an die südamerikanischen Küstenstädte. Die Inseln dienten als Versteck und Nachschub für Frischfleisch. Im folgenden Jahrhundert waren es besonders die Walfänger, die hier anlegten. Auch sie verminderten die abnehmenden Schildkrötenbestände und töteten viele Pelzrobben ihrer Felle wegen. Manchmal ließen sich diese Leute auch auf den Inseln nieder, aber niemand blieb längere Zeit. Erst gegen Ende des neunzehnten Jahrhunderts besiedelten Kolonisten die Inseln.

Lange vorher kreuzte aber ein ungewöhnlich kleines Schiff in den Gewässern der Galapagos-Inseln fünf Wochen lang. Es war nur 27 Meter lang und trug über 70 Menschen an Bord. Über ihnen war auch ein junger Naturforscher mit Namen Charles Darwin. Das Schiff kam aus England und segelte um Kap Hoorn auf einer vierjährigen Forschungsreise um die Welt. Dieser junge Forscher sollte später einer der bedeutendsten Naturwissenschaftler überhaupt werden. An den Küsten Südamerikas hatte er eine Menge Wissen auf fast allen Gebieten der Naturforschung gesammelt. Als das Schiff Galapagos erreichte, nutzte er die Gelegenheit zum gründlichen Studium der merkwürdigen Lebensformen, die es dort gab. Er entdeckte ihre Ähnlichkeiten und Unterschiede. Die Eindrücke, die er hier sammelte, nahmen dann einen ganz gewichtigen Platz bei der Formulierung seiner neuen Theorie der Evolution ein.

Aber viel hatten die Inseln schon verloren, bevor jemand kam, der ihre Einmaligkeit zu schätzen wußte. Es gab sicher ein sehr ausgewogenes Gleichgewicht zwischen all den Tier- und Pflanzenarten der Inseln, bevor die Menschen eindrangen und es empfindlich störten. Aber so viel sie auch um ihres eigenen Überlebens willen von den Inseln genommen hatten, es blieb dennoch genügend übrig, daß auch heute noch die Nachkommen jener friedfertigen Lebewesen, die die Angst nicht kannten, auf den Inseln existieren und ihre Küsten durchstreifen. Sie pflanzen sich fort und tragen ihren besonderen Lebensstil in die Zukunft weiter.

Riesenschildkröten auf einem Vulkan

Bei meinen Reisen zu den verschiedenen Inseln des Archipels fand ich jene großartigen Plätze, in denen der Rhythmus der Natur noch im ruhigen Gleichklang lag und durch nichts gestört wurde. Ich kannte schon lange die Riesenschildkröten von Santa Cruz, die in den feuchten Höhen dieser Insel lebten. Verlorene Gruppen versteckten sich da und dort im Unterholz. Verwilderte Schweine stellten ihren Eiern und den geschlüpften Jungtieren nach. Auch die Siedler ließen sich manchen Übergriff zuschulden kommen. Etwa 2000 dieser gewaltigen Schildkröten hatten überlebt. Aber sie lebten scheu und zurückgezogen. Nur selten konnte man sie bei der Nahrungsaufnahme beobachten, denn sobald sie menschliche Witterung aufnahmen, ließen sie ihren schweren Körper sofort auf den Boden fallen und Kopf und Beine wurden unter anhaltendem Zischen eingezogen.

Ein Platz, den ich besonders gerne mag, ist der Galapagos-Vulkan Alcedo, der mittlere einer langen Kette von fünf großen Schildvulkanen der Insel Isabela. Dort existiert die mit drei- bis viertausend Exemplaren größte Population der Riesenschildkröten ziemlich unbehelligt. Als ich zum ersten Mal am kleinen schwarzen Lavastrand am Fuß des ruhenden Vulkans an Land ging, packte mich ein besonderes Gefühl der Erwartung. Eine bleiche, flache Ebene dehnte sich vor mir aus und stieg landeinwärts langsam an. Nur ein paar Büschel dürren Grases bedeckten sie. Dahinter stand der Rand des Kraters klar im Nachmittagshimmel. Unzählige kleine Schluchten zogen sich vom Gipfel herunter und versprachen eine nasse und grüne Höhenregion. Der Boden bestand aus einer dicken grauen Bimssteinschicht, die sich scharf von der schwarzen Küstenzone abhob. Die kleine Expedition, zu der mein Vater und ich eingeladen wurden, war den ganzen Tag und einen Teil der Nacht von unserer Wohnung in der Academy Bay aus unterwegs gewesen. Wir waren dem niedrigen Ufer von Santa Cruz in völliger Finsternis gefolgt und fuhren dann an der kleinen flechtenüberzogenen Pinzon-Insel vorüber. Der Landeplatz am Strand vor dem Alcedo-Vulkan trug keinen besonderen Namen. Aus den Felsblöcken daneben drangen die merkwürdig menschenähnlichen Stimmen der schokoladenbraunen Pelzrobben, mit denen sie sich untereinander verständigen. Bevor die Sonne hinter dem Bergrücken verschwand, schwamm vor dem Strand auch noch eine kleine Gruppe von Galapagos-Pinguinen vorüber.

Noch vor Tagesanbruch begannen wir mit dem Aufstieg. Am Strand war es noch ganz ruhig. Kein Lufthauch rührte sich, als wir einer nach dem anderen dem Berghang zustrebten. Am späten Vormittag wurde es zunehmend wärmer, und dann brannte die Sonne heiß wie immer während der warmen Jahreszeit um diese Tagesstunden. Doch wir meinten, dem Kraterrand nicht näher zu kommen. Nur die Vegetation wurde dichter. Zahlreiche Kleinvögel – Finken, Spottdrosseln und Fliegenfänger – huschten durchs Blattwerk. Gegen Mittag kamen wir dann doch am Gipfel an. In dieser Höhe von über tausend Metern war die Luft feuchtigkeitsgesättigt. Aber über der Caldera hing keine Wolke. Der Blick fiel steil nach unten zum breiten, flachen Grund des Kraters, der sich über sieben Kilometer fast kreisförmig bis zum gegenüberliegenden Rand ausbreitet. Der Grat war ziemlich grün und völlig vegetationsbedeckt. Auch die Hänge trugen Bewuchs, aber gegen die Mitte dieser riesigen Grube hin wurde das Gelände trockener. Dort gab es nur noch Bäume, wie sie in der trockenen Küstenzone vorkommen. Wir konnten auch große Flecken schwarzer Lava erkennen, die bei neueren Eruptionen aus Rissen im Kraterboden ausgetreten war. Ein Gemisch von Gesängen aus Tausenden von Finkenkehlen trug der Wind von Zeit zu Zeit herauf.

Der Vulkan hat über 20 Kilometer Durchmesser an seiner Basis auf Meeresniveau. Aber nun sah er noch gewaltiger aus. Hinter uns dehnte sich die lohfarbene Bimssteinebene ohne Unterbrechung bis zum fernen Meer hin aus, wo die Brandung einen weißen Rand zog. Noch weiter draußen, fast am Horizont, lag eine andere Vulkaninsel, Santiago. Unter uns im Krater konnten wir das rhythmische Stöhnen eines sich paarenden Männchens der Riesenschildkröte hören. Weitere Exemplare dieser gemächlichen Reptilien lagen dösend im Schatten von Büschen und wichen so der Mittagshitze aus. Später kamen sie hervor und begannen zu fressen. Das Gras um die Büsche war schon ganz kurz gehalten. Im Gegensatz zu ihren scheuen Vettern von Santa Cruz bewegten sie sich ganz unbeeinflußt von unserer Anwesenheit. Mit ihren scharfen, zahnlosen Kiefern zermalmten sie jede Pflanze, die ihnen in die Quere kam. Unsere Geräte machten sie jedoch neugierig. Sie berochen sie, trampelten darauf herum und bissen mit großer Kraft hinein, bis ihre Neugier befriedigt war. Wir sahen uns genötigt, einen Schutzzaun aus umgestürzten Baumstämmen um unser Zelt zu errichten, um sie und ihre zerstörerische Neugier uns vom Leib zu halten.

Nördlich von unserem Lager erhoben sich die beiden riesigen Dome der anderen Vulkane von Isabela, Darwin und Wolf, die durch einen weiten, niedrigen Lavasattel voneinander getrennt sind. Vulkan Wolf stellt als nördlichster der Kette den höchsten Punkt der Galapagos-Inseln dar. Rund siebzehnhundert Meter reicht er hoch!

Als wir am schmalen Kraterrand entlangwanderten, kamen die Vulkane der südlichen Kette in Sicht. Von da aus konnten wir auch die Engstelle erkennen, die den namen Perry Isthmus trägt, an der sich die östliche und die westliche Küste einander nähern. Dahinter erhebt sich nach einem ausgedehnten, offenen Lavafeld die dunkle Silhouette der Sierra Negra, und kaum unterscheidbar davon erreicht Cerro Azul im blauen Dunst der Ferne fast die gleiche Höhe wie der Vulkan Wolf.

Alle fünf Vulkane sind ziemlich aktiv. Durch häufige Ausbrüche fügten sie immer wieder neues Lavamaterial ihren imposanten Massen an. Vor nicht allzu langer Zeit (in Maßstäben der Erdgeschichte) müssen sie fünf Einzelinseln gewesen sein, die durch schmale Wasserstraßen voneinander getrennt waren. Die nachströmende Lava hat die Kanäle aufgefüllt und sie zu einer Insel zusammengeschweißt. Doch die extrem rauhe Oberfläche der Lavafelder zwischen ihnen bedeutet für die Riesenschildkröten immer noch ein unüberwindliches Hindernis. So hat jeder Vulkan bis zum heutigen Tag seine eigene Unterart der Schildkröten erhalten. Die meisten von ihnen litten sehr unter den Nachstellungen des Menschen und der eingeschleppten Tiere. Die Rasse, die im Alcedo-Krater lebt, gilt als einzige ungefährdet. Die meisten verwilderten Haustiere konnten die Lavasättel nicht überqueren. Nur Esel und Hauskatzen gibt es an den Hängen in verwilderter Form. Aber sie scheinen die Riesenschildkröten nicht ernstlich zu gefährden.

Nebel zog über uns herein, als wir tiefer in den Krater hinabstiegen – in das Schildkrötenland von Alcedo. Mich ergriff eine tiefe Traurigkeit, als mir klar wurde, welch unwiderrufliche Zerstörung die Menschen überall anrichten. Ich schämte mich darüber, und als ich ein tautropfenbehangenes Spinnennetz sah, versuchte ich ihm auszuweichen, um es nicht zu zerstören. Ich fühlte mich als Eindringling in dieser fremden Welt, doch kaum daß ich mich versah, hatte ich schon ein anderes Netz zerstört, das meiner Aufmerksamkeit entgangen war. Es war hoffnungslos!

Den Schildkröten sah ich zu, wie sie hin- und herzogen. Sie tranken und wälzten sich dann in einer kleinen Pfütze, die der Nebel unter moosbehangenen Bäumen hinterlassen hatte. Sie kannten meine trübsinnigen Gedanken nicht und das stimmte mich wieder etwas froher. Ihre Panzer glitzerten, als es zu nieseln anfing. Während ich auf dem Eselpfad weiterging, verschwanden sie im Nebel und tauchten wieder auf.

Gegen die Mitte des Nachmittags kamen wir an einem dröhnend kochenden Geysir an. Er zischte aus einer Spalte im dicht überwucherten inneren Abhang des Kraters hervor und führte uns lebhaft die unterirdische Aktivität von Alcedo vor Augen. Auf der angrenzenden kleinen Lichtung bereiteten wir unser Lager für die kommende Nacht. Der Wind trug immer wieder den warmen, feuchten Schwefeldampf zu uns herüber. Inzwischen hatten sich die niederhängenden Wolken verdichtet und ein heftiger Regenschauer brach los. Donnerschläge widerhallten im Krater, während Sturzbäche durch unser Lager strömten und in jeder Vertiefung Pfützen hinterließen.

Bei diesem Besuch im Jahre 1969 sah ich zum letzten Mal das Blubbern und Kochen des Geysirs in seinem Teich aus grauem, dampfendem Wasser. Schon im folgenden Jahr trocknete er vollständig aus und hinterließ nur noch eine zischende Dampfsäule am Grunde eines kleinen Explosionskraters. Ob geringere Niederschläge oder gesteigerte Hitzeentwicklung unter der Krateroberfläche die Gründe dafür waren; wir wissen es nicht. Mehrere Jahre lang erwarteten wir zunehmende vulkanische Aktivität, doch Alcedo blieb ruhig. Nur die Wolke überhitzten Dampfes schickte er unablässig aus einer Düse in die Luft. Da er nun kein richtiger Geysir mehr war, bezeichneten wir ihn einfach als Dampfpfeife. Kleinere dieser Fumarolen gibt es zahlreich im Alcedo. In kühlen Morgenstunden kann man Dampf aus unzähligen Ritzen und Spalten im porösen Bimssteinmaterial des Kraterbodens zwischen der Vegetation aufsteigen sehen. An einigen Stellen entweichen auch Schwefeldämpfe aus Löchern zwischen dem Gestein und lassen herrlich gelbe Kristalle ausblühen.

Oftmals kam ich seither zu Alcedo zurück, so oft, daß ich gar keine genaue Zahl der Besuche mehr angeben kann. Manchmal blieb ich mit meiner Familie bis zu zwei Wochen im Krater. Während der warmen Regenzeit zeigt sich darin alles in größter Schönheit. Unterhalb des Dampfloches breitet sich eine Serie länglicher Ebenen am Kratergrund von der Innenwand aus. Sie liegen am südlichen Ende, und da der Wind von dieser Seite die Niederschläge bringt, verwandeln sie sich mit dem Einsetzen des Regens innerhalb von wenigen Wochen aus einer staubig-braunen Fläche zu sattem Grün. Die Regenzeit bricht oft sehr plötzlich herein. Einmal erlebte ich den ersten heftigen Reguß in voller

Stärke im Krater nach einer langen Trockenzeit. Wir waren am oberen Rand auf dem üblichen Weg entlanggestiegen und bis zum Gebiet der Dampfspalte gekommen. Der Boden war staubtrocken, abgesehen von ein paar kleinen Schlammpfützen, die vom Nebel herrührten, der von den dick mit Lebermoosen und anderen Epiphyten überzogenen Baumstämmen heruntertropfte. Hunderte von Riesenschildkröten hatten sich hier versammelt, denn auf diesem etwas höher gelegenen Teil kondensierte sich der Nebel besser als anderswo und brachte Feuchtigkeit. Die Luft war frisch, aber über der äußeren Flanke des Vulkans hatten sich schon einige dunkle Wolken zusammengeballt. Als wir in die Caldera hineinstiegen, schlug das Wetter urplötzlich um. Es regnete, als ob der Himmel geborsten wäre. Sogleich eilten überall aus der Vegetation Schildkröten hervor und sammelten sich in den Senken, wo das Wasser zusammenlaufen würde. Sicher wußten sie aus früherer Erfahrung, daß dort die Wasserstellen entstehen. Sie kamen schon an, bevor noch das Wasser die Senken richtig erreichte, und tranken jede noch so kleine Pfütze leer, die schon dort stand. Einige jüngere Schildkröten reckten sich an einem großen glatten Felsen hoch und schlürften das Wasser aus den kleinen Vertiefungen, die es dort gab. Dann warteten sie, bis sich mehr ansammelte. Jahrtausende solcherart in Benützung wurde dieser Felsen blank poliert wie ein perfekter Tisch aus Stein.

Auf den flachen Niederungen der Caldera hatten sich mittlerweile ausgedehnte Teiche gebildet. Schon in wenigen Tagen keimten Millionen von Samen und ließen eine grüne Wiese entstehen. Die Schildkröten wanderten aus den angrenzenden Hangwäldern herunter. Sie schafften die etwa dreihundert Meter Abstieg in einem oder zwei Tagen. In immer größeren Scharen fanden sie sich um die Wasserstellen ein und weideten das zarte Gras ab. In diesem »Galapagos-Frühling« erreichte ihre Aktivität schnell den Höhepunkt. Sie wanderten unablässig umher, fraßen viel und tranken enorme Mengen Wasser, während sie sich in den Schlammpfützen wälzten. Immer häufiger waren Paarungen und aggressive Auseinandersetzungen in diesen Tagen zu beobachten. Wenn sich zwei Kontrahenten gegenüberstanden, hoben sie die Vorderbeine so hoch wie möglich und reckten den Kopf steil nach oben. Mit ihren scharfen, weit geöffneten Kiefern drohten sie einander. Nach einigen Augenblicken zog sich das scheuere oder schwächere Tier, gleich ob Männchen oder Weibchen, wieder zurück und begann zu grasen. Der Drohkampf artete so niemals in einen richtigen Kampf aus.

Die Schildkröten wanderten viel umher und erstiegen sogar steile Hügel, ohne ihren ruhigen, festen Schritt zu unterbrechen. Manchmal zogen sie geradewegs den steilen Kraterrand empor und schafften dies trotz ihres gewaltigen Gewichts von dreihundert oder mehr Kilos im Falle starker Männchen.

Manchmal zeigte sich ein höchst merkwürdiges Verhalten. Ein kleiner Darwinfink flog eine der ruhig grasenden Schildkröten an und hüpfte unruhig vor ihr umher. Sekunden später hob die riesige Schildkröte ihren Panzer hoch vom Boden ab, streckte die Gliedmaßen und legte den Kopf weit über den Rückenpanzer zurück. Das war das Signal! Nun begann der kleine Vogel sofort mit der intensiven Suche nach Zecken, die irgendwo in den Hautfalten die großen Reptilien quälten. Jeder Körperabschnitt wurde genauestens untersucht, die ledrige Haut systematisch abgekämmt, während die Schildkröte wie erstarrt in dieser Position blieb, solange dieser Reinigungsprozeß dauerte. Sie wurde ihre lästigen Parasiten los, und der Fink erhielt eine wertvolle, eiweißreiche Nahrung über das Blut, das die Zecken gesogen hatten.

Der Tagesablauf einer Riesenschildkröte verläuft in aller Regel ruhig und ohne Hast. Oft beginnt der Morgen mit einer feinen Nebeldecke, die den Boden der Caldera einhüllt. In der Stille, die darunter liegt, wandern die Schildkröten zunächst nur ganz langsam umher. Sie warten auf die wärmenden Strahlen der Sonne, bevor sie voll aktiv werden. An den schlammigen Suhlen beginnen sie zu äsen, denn dort hatten die meisten von ihnen die Nacht verbracht. Aber wenn sich die Sonne über den Kraterrand schwingt, lösen ihre Strahlen schnell die Nebelfetzen auf und schaffen eine brillant klare Morgenluft. Nun steigert sich die Aktivität auf der Schildkrötenszene. Die Tiere wandern umher, äsen da und dort ein zartes Blatt oder einige Gräser, und die Paarungsrufe der riesigen Männchen wirft das Echo aus vielen Richtungen zurück. Am späten Vormittag ziehen sich die ersten in den Schatten der Bäume und Büsche zurück, aber sie grasen noch. Um die Mittagszeit wird es dann vollends ruhig auf den grünen Lichtungen. Die Schildkröten würden sich leicht überhitzen und eingehen, wenn sie in der stechenden Sonne blieben. So aber verschlafen sie die heißen Tagesstunden in einer ganz entspannten Stellung. Die Beine hängen manchmal von den Panzern weg, als ob sie gar nicht mehr dazu gehörten. Der Kopf wird lange ausgestreckt und manchmal ruht er bequem auf einem Vorderbein.

Wenn es am Nachmittag kühler wird, setzt eine zweite Aktivitätsperiode ein. Die Schildkröten kehren langsam zu den Tümpeln zurück und trinken viel Wasser. Hier baden sie auch und wälzen sich mit großem Vergnügen im Schlamm, den sie mit drehenden Bewegungen aufwirbeln. Aus noch ungeklärten Gründen bleiben viele der größeren Schildkröten sogar zum Schlafen in den Suhlen. Vielleicht speichert der zähe Schlamm mehr Wärme für die kühlen Nachtstunden. Vielleicht schützt er auch bloß vor den lästigen Zecken oder beides.

Jedenfalls geht es in diesen Wasserlöchern bei Sonnenuntergang recht heftig zu. Einige große Schildkröten rammen andere wie Bulldozer mit ihren Panzern und drängen schwächere mit roher Gewalt aus dem Wasser. Erst mit fortschreitender Kühle der Nacht tritt Ruhe ein. Die meisten Jungtiere und die Weibchen suchen sich eigene Schlafplätze. In weichem Boden scharren sie oft nestartige Vertiefungen aus, in denen sie besten Bodenkontakt bekommen, vermutlich um die Wärme besser auszunützen. Im ersten Morgenlicht scheinen sie völlig erstarrt wie Felsblöcke umherzuliegen. Im unbewegten Wasser der Pfützen tropft der Tau von ihren glänzendschwarzen, gewölbten Panzern.

Oft habe ich das langsame Erwachen dieser uralten kaltblütigen Tiere beobachtet. Wie viele Tage mögen sie schon erlebt haben? Wie viele Jahreszeiten zogen in der unberührten Natur ihrer Kraterheimat an ihnen vorüber? Leben sie wirklich 150 oder 200 Jahre lang?

Mit dem Nachlassen der Regenfälle geht das Wasser in den Teichen und Tümpeln schnell zurück. Auch die Lufttemperatur nimmt leicht ab. Über den Vulkan bricht wieder die Trockenzeit herein, auch wenn ihn oft die Nebel völlig einhüllen. Die Mehrzahl der Schildkröten zieht sich nun völlig in das Buschwerk zurück, wo es immer noch etwas Grün gibt. Oder sie steigen zum Kraterrand empor, wo die Nebel für eine viel höhere Feuchtigkeit als am Kraterboden sorgen.

Eines Morgens, als ich dem Dampf zusah, der sich um die schwarzen Körper der Schildkröten in den Tümpeln rankte, stiegen zwei Weibchen langsam aus dem Wasser in den feinen Nebel hinaus. Sie waren an ihrer mittleren Größe und den glatten, stark gewölbten Panzern leicht erkennbar. Die Bauchpanzer und die rauhen Vorderbeine der Männchen hatten ihre Rückenpanzer bei den Paarungen glatt poliert. Sie durchstreiften aufmerksam eine mit Spinnennetzen überzogene Wiese aus schütterer Vegetation. Die Netze waren taubeladen und glänzten im frühen Morgenlicht. Dann zogen sie weiter zu einem stärker mit Vegetation bewachsenen Fleck und fingen zu grasen an. In wenigen Monaten würden diese beiden Weibchen zum Beginn der neuen Trockenzeit aufbrechen und gemächlich ihre Plätze für die Eiablage suchen. Der bedeutendste Platz hierfür befindet sich am Fuße der nördlichen Seite der Kraterwand, genau gegenüber den wichtigsten Äsungsplätzen. Dort wählt jedes Weibchen einen bestimmten Fleck im weichen Boden und gräbt die Eikammer, in die sie rund ein Dutzend der hartschaligen Eier ablegt. Diese phantastischen, vorsintflutlich anmutenden Reptilien verstehen es hervorragend, mit ihren stumpfen Nägeln der Hinterbeine ein exakt rundes Loch auszugraben. So perfekt es auch wird, und so viele Stunden Anstrengung es auch kostet, es sehen dennoch die Weibchen ihre eigenen Nester nicht, bis das Gelege wieder richtig zugedeckt ist. Der Ablauf geht instinktiv vor sich.

Das ausgewählte Nistgebiet der Schildkröten liegt nicht so sehr unter dem Einfluß des Nebels, so daß die Eier im Verlauf von vier bis sechs Monaten nach und nach von der Sonne, die den Boden erwärmt, ausgebrütet werden können. Die winzigen, noch recht anfälligen Jungtiere sind schlüpfbereit, wenn die neue Regenzeit herannaht. Sie graben sich mit nadelscharfen Krallen, die sie extra für diesen Zweck entwickeln, aus dem Nest und dem trockenen Boden, der es überdeckt. Lange Zeit bleiben sie in den trockeneren Bereichen der Caldera. Es kann mehrere Jahre dauern, bis sie im üppigen Grün auftauchen, wo die Alttiere weiden. Mindestens 25 Jahre müssen sie alt werden, bevor sie mit der ersten Fortpflanzung beginnen können und eine neue Generation vollenden.

Vor mehreren hunderttausend Jahren gab es ähnliche Schildkröten wie auf den Galapagos auch auf den meisten Kontinenten der Welt. Ihre langsame Fortpflanzungsrate erlaubte keinen schnellen Wechsel in der Anpassung. Vielleicht hat sie der steigende Feinddruck auf den Kontinenten nach und nach ausgelöscht. Doch bevor dies stattfand, hatten einige dieser ursprünglichen Schildkröten die Galapagos-Inseln erreicht. Vielleicht waren sie als winzige Jungtiere mit einem Floß von Südamerika herübergekommen. Oder mag sein, daß sie als Erwachsene einfach mit der Meeresströmung angetrieben kamen, denn sie haben mit ihrem großen Körper so viel Auftrieb, daß sie lange Zeit und gut schwimmen können. In ein bis zwei Wochen könnten sie die Inseln erreicht haben – eine Zeitspanne, die zu ihrem Überleben sicher ausreichen würde. Jedenfalls paßten sie sich ganz gut an und veränderten sich verhältnismäßig wenig im Laufe der Jahrtausende. Aber es reichte, um auf den einzelnen Inseln unterschiedliche Formen zu entwickeln, die sich den verschiedenen Lebensbedingungen im hochliegenden, feuchten oder im küstennahen, trockenen Gelände angepaßt haben.

Ähnliche Schildkröten finden sich als Relikte aus grauer Vorzeit auf einer anderen Inselgruppe in den Weiten des Indischen Ozeans, auf dem Aldabra-Atoll und auf den Seychellen. Diese Riesenschildkröten ähneln denen von Galapagos so sehr, daß sie der unbefangene Beobachter leicht miteinander verwechseln könnte.

Auf Alcedo folgte ich den sanften Riesen bei der Nahrungssuche und auf ihrem Weg aus den Schlammsuhlen. Sie verschlingen gewaltige Mengen von Gräsern und Kräutern, die sie nicht kauen, weil ihnen Zähne dazu fehlen. Dieser Art der Nahrungsaufnahme sind sie offensichtlich ganz gut angepaßt. Sie tragen kuppelförmige Rückenpanzer, in die sie ihre kurzen Gliedmaßen und den nicht zu langen Hals zurückziehen können. Trotz gewisser Abweichungen herrscht dieser Typ überall vor, wo die Schildkröten im feuchten Gelände in mehr als 600 Metern Meereshöhe leben. Dort gibt es genügend Bodenvegetation. Auf niedrigen, trockenen Inseln kommt dagegen eine andere Form vor. Sie trägt längere Beine, hat einen langen Hals und einen sattelförmigen Rückenpanzer. Dieser Bauplan erlaubt ihr, höher ins Buschwerk und zu den hängenden »Blättern« der Opuntien hinaufzureichen.

Äsende Schildkröten

Die Sattelrücken-Schildkröten erlitten noch viel stärkere Verluste durch die Nachstellungen des Menschen als die Kuppelrücken. Denn ihre flachen Heimatinseln waren den hungrigen Seeleuten leichter zugänglich, wurde diese Art öfter verfolgt. Der einzige Bestand, der heute noch mehr als hundert erwachsene Exemplare zählt, befindet sich auf der Insel Pinzon, einem zentral gelegenen alten Vulkan, der von dichtem Trockenbusch bedeckt ist. Sattelrücken-Schildkröten sind etwas kleiner als ihre kuppelrückigen Verwandten, aber wegen ihrer langen Gliedmaßen und Hälse können sie erstaunlich weit in die Vegetation hinaufreichen. Sie verhalten sich auch ganz anders. Ihr Gang ist lebhaft mit weit ausholenden Schritten, und sie sind sehr wachsam. Um ein altes Männchen bei der Nahrungssuche beobachten zu können, muß ich mich ihm ganz vorsichtig durchs Buschwerk nähern. Wenn ich zu kräftig auftrat, merkte die Schildkröte die Vibration des Untergrundes, richtete ich mich aber zu hoch auf, bekam sie Witterung von mir. Stets wurde die Luft in tiefen Atemzügen geprüft, ob sich ein verdächtiger Geruch darin befand. Sobald sie mich sehen konnte, hob sie den Kopf und prüfte die Lage argwöhnisch, um dann in der entgegengesetzten Richtung davonzugehen.

Schließlich schaffte ich es doch, in guter Deckung eines dichten Büschels von Vegetation unentdeckt zu bleiben. Nun begann die große Schildkröte herzhaft zu fressen. Die Technik, derer sie sich dabei bediente, werde ich nie vergessen.

Zunächst pflanzte sich das Tier unter einem der einheimischen Kroton-Büsche auf und beroch mit erhobenem Kopf zunächst einen, dann den nächsten Zweig. Offenbar standen ihm weniger die Blätter als die Basis der dünnen Zweige im Sinn, die ungefähr den Durchmesser eines Bleistifts hatten. Erst zupfte es ein wenig mit der zahnartigen Spitze seiner Kiefer und riß dann plötzlich daran, um den Zweig abzubrechen. An einigen niedrigen Zweigen vorbei hob es einen der stoppeligen Vorderfüße in die Höhe und balancierte den Körper nun auf drei Beinen in der gleichen Weise, wie dies afrikanische Elefanten tun, um Zweige von einem großen Baum abzureißen. Das geschah so lange, bis die alte Schildkröte einen größeren Haufen Zweige am Boden angesammelt hatte. Erst dann fing sie an, genüßlich daran zu fressen. Sie verzehrte Blätter und Zweige gleichermaßen und wiederholte den Vorgang, wenn der Vorrat aufgebraucht war. So ein Verhalten erschien mir reichlich intelligent für ein so urtümliches Reptil. Später stellte ich fest, daß die Schildkröte bis 1,4 Meter hoch hinaufgekommen war!

Während ich ihr noch beim Fressen zusah, bemerkte ich viele Anzeichen ihres hohen Alters. Zur bloßen Körpergröße kam hinzu, daß der Panzer ziemlich stark abgeschliffen war und tiefe Kratzer scharfer Dornen oder kantiger Steine aufwies. Er trug keine Zuwachsstreifen an den Platten mehr, und der dünne Rand des Panzers oberhalb des Halsansatzes war von zahlreichen Rammstößen an Felsblöcke oder Baumstämme gezeichnet. Auf dem Weg entdeckte die Schildkröte eine kleine Wasserpfütze, die in einer Felsvertiefung vom nächtlichen Nieselregen übriggeblieben war. Sie trank das Wasser gierig aus, fraß einen Moment weiter und kehrte nochmals zurück, um die letzten Tropfen auszuschlürfen. Ein wieviel einfacheres Leben mußten die Kuppelpanzer-Schildkröten im feuchten Bergland oben im Vergleich zu dieser hier haben! Auf Alcedo gibt es immer genügend Vegetation in bestimmten Gebieten und Nebel oder Nieselregen halten stets wenigstens kleine Pfützen Wasser verfügbar. Das Leben auf den trockenen Zonen der Inseln ist ungleich härter.

Randzonen des Lebens

Westlich von Alcedo erhebt sich als Insel das gewaltige Vulkanmassiv von Fernandina. Dort lebte vor längerer Zeit noch eine andere Rasse der Riesenschildkröten. Es gibt keine Berichte darüber, daß die früheren Seefahrer dort irgendwelche Schildkröten gefangen und getötet hätten, um sich mit Frischfleisch zu versorgen. Die unzugängliche, rauhe Lavaküste lädt für solche Sammelexpeditionen nicht sehr ein. Nur eine einzige Schildkröte wurde auf dieser Insel gesichtet, und zwar im Jahre 1906 von einer Gruppe von Wissenschaftlern. Sie war die größte jemals gefundene Sattelrücken-Schildkröte. Der Wissenschaftler, der sie am Abhang des Vulkans gefunden hatte, dachte wohl nicht daran, daß er der einzige war, der diese Schildkrötenform jemals lebend zu Gesicht bekam. Ihr Aussterben läßt sich vielleicht auf die verheerenden Ausbrüche dieses Vulkans zurückführen.

Manchmal fahren wir zu den dunklen Küsten

dieser merkwürdigen Insel hinüber. Die Neugier hat uns zu ihren seltsamen Bewohnern getrieben. Ein Besuch blieb mir besonders lebhaft in Erinnerung. Wir hatten den kleinen schwarzen Strand am Fuße von Alcedo kurz vor Sonnenuntergang verlassen. Den größten Teil der Nacht segelten wir dann im hellen Licht des Vollmondes die Ostküste von Isabela hoch. Gischt spritzte am Boot entlang und das dunkelrote Segel schwankte ruhig gegen den sternenübersäten Himmel. Die großen Vulkane des nördlichen Teils von Isabela, Darwin und Wolf, versanken in der klaren, frischen Nacht und kamen wieder hervor, als wir an ihrer Westseite vorbeifuhren, nachdem wir die Nordspitze umschifft hatten. Sie standen da, riesengroß und ohne Wolken in einem einfarbigen Glanz. Ihre letzten Lavaströme zeichneten sich als scharfe, schwarze Streifen in den Flecken bleicher Vegetation ab. Als wir an Punta Espinosa, dem einzigen sicheren Landeplatz an der Insel, ankamen, schimmerte die Vulkanmasse von Fernandina schattenhaft über uns. Ihre Symmetrie beeindruckte uns. Das erste Morgenlicht kam und der sinkende Mond berührte beinahe die Schulter dieses großen Einzelvulkans.

In diesem westlichen Teil des Archipels herrschen ganz besondere Klimaverhältnisse. Von Westen trifft hier ein kalter Meeresstrom mit Tiefenwasser auf die Inselmasse und wirbelt das Wasser hoch. Es enthält reichlich Nährstoffe, die an der durchlichteten Oberfläche eine ungewöhnlich große Produktivität der Meeresorganismen ermöglichen. Üppiger Algenwuchs überzieht die Felsen am Strand und Plankton entwickelt sich in hoher Dichte. Gerade da, wo der Vulkan Fernandina das Meer durchstößt, erreicht die Produktivität ihren Höchstwert.

Das Ufer selbst gestaltet sich außerordentlich zerrissen und klüftig. Wie die Flanken und Hänge des Berges besteht es zu einem guten Teil aus zerrissener, vegetationsloser Lava unterschiedlichen Alters. Manche Lavafelder sind noch recht jung. Trotz dieser unwirtlichen Umgebung fanden zahlreiche kalt- und warmblütige Tiere gerade an der Grenzzone zwischen Meer und Land ihr Zuhause. Alle hängen sie direkt oder indirekt vom kalten Meeresstrom ab, der ihnen hier unter dem Äquator günstige Überlebensmöglichkeiten garantiert.

Dort begibt sich der winzige Galapagos-Pinguin jeden Morgen auf seinen täglichen Fischzug. Die Rufe klingen wie ferne Nebelhörner. Hier nistet auch der bizarre, flugunfähige Galapagos-Kormoran auf den Felsen über der Hochwasserlinie. Sogar eine einheimische Ratte, eines der ganz wenigen Säugetiere dieser Inseln, die natürlicherweise und ohne Hilfe des Menschen hier angekommen waren, gibt es dort. Sie ist ein kühnes kleines Tier, das von der dürftigen Vegetation und von dem lebt, was an der Küste angespült wird. Aber auch die merkwürdigsten aller Tiere, die Meerechsen, leben hier zu Tausenden. Sie finden im reichen Algenwuchs im Flachwasser üppige Nahrung, und man entdeckt sie überall an den Küsten, wo sie sich meist in dichten Gruppen ansammeln, wenn sie zum Aufwärmen in der Sonne liegen.

Einmal verbrachte ich zwei Wochen im Mai zusammen mit meinen Eltern und meinem Bruder auf der westlichsten Spitze der Insel, dem Kap Douglas. Jede Nacht schliefen wir draußen am Sandstrand. Neugierige Reisratten durchsuchten unsere Haare, und die Balzrufe der Pinguine schallten durch die Nacht. Oft wachten wir am Morgen nach diesen einsamen Nächten auf und fanden die Spuren der Flossenfüße der Pinguine um uns herum. Der Morgen war nebelverhangen, wie so oft über dem kalten Wasser. Die Pinguine hatten unter Felsblöcken im Sand nach günstigen Stellen für die Eiablage gesucht. Dort bauten sie ihre einfache Nestgrube. Tagsüber fischten sie nahe den Küstenklippen oftmals in größeren Scharen, so daß auch manchmal Streit ausbrach. Meerechsen gab es überall. Sie bedeckten dicht an dicht die Felsblöcke, unter denen sich auch Pelzrobben im Schatten verkrochen hatten. Ihr stacheliges Äußeres verschmolz, da sie sich nicht rührten, mit den zerrissenen Lavaschollen. Die Echsen lagen kreuz und quer übereinander in dichten Massen. Von Zeit zu Zeit bliesen sie eine Salzlösung aus ihren Nasenlöchern. Ihre gut entwickelten Nasendrüsen scheiden das überschüssige Salz ab, das sie mit ihrer Nahrung aus dem Meer aufnehmen. So können sie bestens in dieser vom Meerwasser geprägten Umwelt leben. Leuchtend orangerote Lavakrabben eilten leichtfüßig umher, stets auf der Suche nach etwas Verzehrbarem, während die kleinen Lavaechsen – auch Kielschwanzleguane genannt – zwischen ihren vergleichsweise riesigen Verwandten, den Meerechsen, blitzschnell nach Fliegen jagten. Sie liefen den Meerechsen über die Köpfe und Körper, ohne daß sich diese rührten. Erst bei Beginn der Ebbe kam wieder Leben in sie. Nach und nach rückten sie langsam zum Wasser hinunter und warfen sich in die Brandung. Unter kräftigen Schlängelbewegungen ihres ganzen Körpers schwammen die Meerechsen ein Stück weit ins Meer hinaus und tauchten dann zu den Algen hinab. Das war ihr täglicher Lebensablauf und ihr Nahrungserwerb. Beim Auftauchen ließen sie sich einfach von Strömung und Wellen wieder an Land tragen. Oft wurden sie heftig gegen die Felsen geschleudert, bevor sie sich daran festklammern konnten. Ihre scharfen Krallen brauchen sie dazu. Ganz erschöpft kehrten sie ans trockene Land zurück.

Im Mai ist Schlüpfzeit für die jungen Meerechsen. Etwa vier Monate vorher hatten die Weibchen flache Gruben in den Lavasand oberhalb der Hochwasserlinie gegraben und ein bis drei weichschalige Eier darin untergebracht. Diese länglichen

Eier wurden von der Sonnenwärme in der gleichen Weise wie bei den Riesenschildkröten ausgebrütet. Bald würden die kleinen Meerechsen nun schlüpfen und ihr eigenes Leben am und im Meer beginnen. In dieser Zeit stürzen sich viele Seevögel auf die frisch ausgeschlüpften Jungtiere und die Galapagos-Schlange lauert in den Spalten der Lava am Ufer auf sie.

An der felsigen Küste tummelten sich die Roten Lavakrabben in großer Zahl. Seelöwen lagen umher und die flugunfähigen Kormorane dösten in der Sonne. Ihre schmalen Stummelflügel reckten sie zum Trocknen vom Körper weg. Ihr Gefieder ist ähnlich dunkel wie die Farbe ihres Lebensraumes. Nur das Auge trägt einen türkisblauen Schimmer. Draußen vor dem Strand sprangen Delphine und von Zeit zu Zeit blies ein Wal. Audubon-Sturmtaucher suchten in großen Schwärmen, zusammen mit Braunen Noddy-Seeschwalben und Gruppen von Thunfischen, nach Nahrung.

Bewohner einer Caldera

Wenn sich der Besucher vom Strand dem Inland zuwendet, zeigt sich ihm ein ganz anderes Bild. In schärfstem Kontrast zur mit Leben erfüllten Küste erweist sich das Inland geradezu als leblose Wüste. Über weite Strecken folgt ein zerrissener, von Schollen oder Bändern durchsetzter Lavastrom dem anderen. Nur selten ist ein Stück älteren Bodens übriggeblieben, auf dem sich etwas Vegetation halten konnte, weil die jüngeren Lavaströme daran vorbeigeflossen sind.

Nach unserem Aufenthalt am Kap Douglas beschlossen wir, den Gipfel des Vulkans zu besteigen und seine riesige Caldera zu erforschen. Sehr früh am Morgen zogen wir los. Geradewegs wollten wir die offenen Lavafelder in Richtung Gipfel überqueren. Als sich die Sonne über den Berg erhob, brannte sie so heftig auf die schwarze Oberfläche der Lava, daß die Luft zu vibrieren anfing und den Horizont tanzen ließ. Wir kamen in der Hitze langsam, aber stetig voran. Eine trockene Schlucht ließ sich etwas einfacher begehen, um über den steileren Hang das Gipfelplateau zu erreichen. An beiden Seiten liefen Schlackenstreifen geradlinig den Abhang hinunter und folgten sternförmig dem Bergkegel nach allen Seiten. Das ganze Gelände bedeckte ein feiner Aschenstaub, dessen Schicht bergwärts immer dicker wurde. Auf der flachen Hochfläche des Gipfelbereichs hüllte diese Asche förmlich alles ein. Jede Vertiefung war davon erfüllt. Nun sah man nichts mehr von den Lavaströmen. Dieser Aschenauswurf war das Ergebnis des letzten großen Ausbruchs von Fernandina im Jahre 1968. Eine gewaltige Explosion jagte eine riesige Aschenwolke in die Atmosphäre. Der Wind trieb sie nach Westen, wo sie sich langsam setzte und alles Leben unter ihr vernichtete. Fast meterhoch wurde stellenweise die Aschenauflage. Gleichzeitig brach der Boden der Caldera in sich zusammen und sank innerhalb von zwei Wochen um dreihundert Meter ab. Der Krater wurde dadurch fast um die Hälfte tiefer.

Nachdem wir ein Stück ebener Hochfläche überquert hatten, erreichten wir den Rand dieser phantastischen Caldera. Sie nimmt fast die ganze Gipfelfläche ein, und ihre Wände fallen beinahe tausend Meter senkrecht nach innen ab. Am Grunde der Caldera befindet sich ein tiefer, von Mineralien blau gefärbter See. Die Wände liegen vier bis sechs Kilometer im Oval auseinander. Sie wirken, als ob sie fast senkrecht abstürzten.

Hier kampierten wir tagelang in der frischen, trockenen Luft. Jeder Morgen bot eine Szene von unvergeßlicher Schönheit. Wenn im Osten das erste Morgenlicht auftauchte und die unteren Schichten der Atmosphäre erhellte, blieb es unten im Krater immer noch finster. Es machte den Eindruck, als ob er ein Stück der Nacht gefangenhalten würde. Streifen feinen Nebels hingen bewegungslos an den steilen Wänden. Mit steigendem Sonnenstand schienen die Strahlen diese abstürzenden Wände zu erforschen. Langsam krochen sie immer tiefer in diesen Höllenschlund hinab und zeichneten jedes Detail, jede Höhlung und jede frühere Lavaschicht ganz deutlich ab. Auf dem felsblockübersäten Boden enthüllte das Licht feine, fast federartige Fumarolen, die ihren Dampf senkrecht nach oben schickten, denn kein Lufthauch regte sich am Kratergrund. Die ausströmende Hitze formt mitunter auch Wolkenbällchen, die emporgetrudelt werden und sich wieder auflösen. Nach zwei Stunden endlich war die Sonne hoch genug, daß sie in den Mineralsee eintauchen konnte. Er glitzerte und glänzte, als die erste Brise des Tages seine Oberfläche berührte. Fast kreisrund mißt er etwa zwei Kilometer von Ufer zu Ufer.

Überall wo auf der Asche noch Vegetation wachsen konnte, insbesondere am nördlichen und östlichen Rand, wo der Aschenauswurf die üppige Vegetation nicht vernichtet hatte, wanderten gelbbraune Landleguane wie prähistorische Drachen umher. Sie sind kräftige Echsen mit schweren Körpern, die von derben Füßen mit eindrucksvollen Krallen getragen werden. Den Rücken entlang zieht sich ein Kamm gelblicher, stumpfer Stacheln. Der Kopf des Landleguans trägt das verwickelte Muster von Reptilienschuppen, das einen ausgesprochen wirksamen Schutz bietet. Diese Tiere graben sich geräumige unterirdische Bauten in die Asche oder bewohnen natürlicherweise vorhandene kleine Höhlen in der Lava. Oft teilt ein solches Heim ein Männchen mit mehreren Weibchen. Als Vegetarier fressen sie die verschiedensten Arten von Pflanzen. Aber ganz besonders gerne nehmen sie herabgefallene Stücke von Opuntien.

Landleguane gibt es auch auf anderen Inseln, wo sie aber durch die eingeschleppten Hunde und Katzen fast ausgerottet worden sind. Hier auf Fernandina geht es ihnen gut, denn es gibt keine eingeführten und verwilderten Haustiere. Ihr Lebensraum ist noch unberührt. Am Morgen beobachteten wir sie, wie sie nach und nach aus ihren Bauen hervorkamen und mit der Nahrungsaufnahme anfingen. Bald waren sie um fast jeden Fleck Vegetation versammelt. Große Männchen drohten ihren Rivalen durch heftiges Kopfnicken. Von den Weibchen waren sie durch die rostroten Flecken an den Seiten deutlich zu unterscheiden. Auch die Weibchen jagten sich. Landleguane leben territorial, und oftmals brachen Auseinandersetzungen zwischen den revierbesitzenden Männchen los. Mit aufgeblähter Brust, gesenktem Kopf und halbgeöffnetem Mund schlingerten sie immer wieder umeinander herum und versuchten sich an Hals oder Schultern mit den mächtigen Kiefern zu packen. Mit gebeugten Beinen und angespannten Muskeln kämpften sie so lange miteinander, bis einer vor Erschöpfung aufgab.

Kleine Darwinfinken sammeln von den Landleguanen ganz ähnlich wie von den Riesenschildkröten die Zecken ab. Auch die Leguane nehmen dabei eine ganz besondere Stellung ein. Der Körper wird hoch vom Boden abgehoben, so daß der kleine Vogel überall hinkommen kann.

Mit jedem weiteren Tag schlug uns das Innere der Caldera immer stärker in seinen Bann, bis wir schließlich beschlossen, in den Krater hinabzusteigen. Es war schon gegen Ende unseres zweiwöchigen Aufenthalts. Der Abstieg zu See und Kraterboden war gefährlich, weil die Wände teilweise außerordentlich steil abfielen. Aber als wir unten ankamen, überwältigte uns der Anblick, der sich bot. Eine riesenhafte Mauer umschloß uns und hüllte den See vor uns in tiefes Schweigen. In diesem Schlund der Erde kamen wir uns wie Zwerge und ganz bedeutungslos vor.

Das Wasser des Sees konnten wir nicht trinken, denn es war zu sehr mit Mineralien beladen. Dennoch war es keineswegs tot. Im Gegenteil, es gab Leben in Hülle und Fülle. Myriaden kleiner Insekten vermehrten sich im Wasser, und massenhaft stellten ihnen Libellen und ihre Larven nach. Mehrere hundert Bahama-Enten schwammen auf dem See und schöpften aus den nahrungsreichen Gründen. In der Stille des Morgens paddelten sie mit ihren Dunenjungen auf die Wasserfläche hinaus und pickten nach winzigen Insekten auf der spiegelnden Oberfläche. Unser Erscheinen überraschte sie, denn in dieser Welt sind Menschen kaum jemals zu Gast.

Die Nächte im Krater waren wärmer und noch stiller als oben am Rand der Caldera. Die tonlose Stille wurde nur selten einmal vom Gepolter eines Felssturzes unterbrochen, der die instabilen Hänge herunterdonnerte. Aus dem knirschenden Geräusch der abgleitenden Steinmassen konnte man die knallenden Aufschläge der größeren Felsbrocken heraushören, die immer schneller wurden und den Abhang herunterkamen. Mit lautem Platschen landeten einige von ihnen im See. Die frei fallenden Felsen verursachten ein zischendes Geräusch, dessen Echo mehrfach durch die Caldera hallte. Aber nicht einmal diese plötzlichen Felsstürze, hervorgerufen durch die Instabilität des Vulkans, konnten die große Ruhe wirkungsvoll unterbrechen, die in dieser bizarren Welt herrschte.

Vulkanausbrüche

1977 kehrte ich zur Caldera von Fernandina zurück. Der Grund für diesen Besuch war die Nachricht, daß sich Lava in den See aus einer aufgebrochenen Spalte am Innenrand der Kraterwand ergoß. Die Eruption fing im Morgengrauen an und zwei Tage später erreichte uns die Nachricht, daß Fernandina wieder aktiv wurde, dank seismographischer Messungen und des Berichtes eines Wissenschaftlers, der gerade von einer Exkursion zu dieser Insel zurückgekommen war. Sofort stellten wir in der Academy Bay auf Santa Cruz eine Expedition zusammen, die alle geologischen Informationen im Zusammenhang mit diesem neuen Ausbruch sammeln sollte. Ich hatte das Glück, als einer der vier Teilnehmer dabeisein zu dürfen.

Bei Sonnenaufgang fuhren wir von Academy Bay los. Zweiundzwanzig Stunden waren wir auf spiegelglatter See unterwegs und umrundeten die südlichen Vulkane von Isabela in der Nacht, bis wir mit unserem schweren Gepäck und den Wasservorräten an unserem bekannten Platz auf Fernandina an Land gehen konnten. Sofort begannen wir mit dem langen, heißen Kletterweg zur Spitze und wir erreichten den Kraterrand nach Einbruch der Nacht. Obwohl noch Nebelfetzen über die Aschenfelder zogen, zeigte sich die Caldera wolkenlos. Aber zu unserer Enttäuschung sahen wir nichts mehr von der roten Glut der Lava an der gegenüberliegenden Kraterwand, aus der sie noch vor wenigen Tagen in breitem Strom hervorgequollen war. Doch im schwachen Licht ließ sich noch feststellen, daß dort ein neues, ausgedehntes Delta aus frischer Lava in den See hinausreichte.

In den folgenden Tagen erforschten wir soviel wie möglich von diesem Neuland, das nur einige Tage alt war. Wir kletterten zur Ausbruchsspalte hinab und stellten fest, daß sie – abgesehen vom heißen Dampf, der ihr noch entströmte – ganz ähnlich wie die früheren aussah. Am Kratersee maßen wir immer noch 39° C Wassertemperatur, denn die hineingelaufene Lava hatte das Wasser kräftig aufgeheizt. Am frühen Morgen, noch bevor der Wind aufkam, ruderten wir in einem kleinen Schlauchboot zu den neuen Lavazungen hinüber. Das Boot war von einer geologischen Expedition mitgebracht worden. Dampf stieg immer noch vom Rand der Lava empor. Wir hielten das Thermometer ins Wasser und registrierten die Temperaturzunahme von 45° auf 80° C unmittelbar vor der Lava. Die Luft war ruhig und nichts störte den Frieden. Nur die quirlenden Dampfsäulen kündeten von der Aktivität, die vor weniger als zwei Wochen alles Leben im See hatte sterben lassen. Der Ausbruch hatte sich zwar gelegt, aber das Wasser war so stark erhitzt worden, daß alle Organismen darin zugrunde gingen. Nun paddelten die Bahama-Enten am Ufer entlang, aber sie fanden keine Nahrung mehr. Sie kannten keine andere Welt als ihren Krater, den sie seit mehreren Generationen bewohnten. Ihre Erfahrung wies ihnen keinen Weg zu einer der anderen Inseln. Langsam starben auch sie dahin. So vergänglich ist das Leben in diesem Grenzbereich auf einem aktiven Vulkan.

Noch während ich die letzten Zeilen zu diesem Buch schrieb, rief uns ein ähnliches Ereignis wieder zur Wildnis dieses Vulkans aus der Academy Bay zurück. Es begann ganz ohne Vorwarnung. Eines Nachmittags stürzte ein Freund herein und berichtete uns, daß der Vulkan auf Fernandina wieder aktiv wurde. Nachrichtenbruchstücke waren von den Radios einiger Touristenschiffe aufgefangen worden, die gerade in der Nähe weilten. Eiligst sprangen wir auf und packten das Nötigste zusammen, um einen richtigen Vulkanausbruch aus der Nähe zu erleben. Seit Jahren wünschten wir uns das. Noch um elf Uhr nachts starteten wir mit dem Boot, ausgestattet mit Proviant und Ausrüstung. Am nächsten Morgen fand ich mich noch im selben Rock im Boot sitzend, den ich anhatte, als die Nachricht eintraf. Normalerweise wäre ich mit Shorts unterwegs gewesen. Eine kühle Brise spannte die Segel und brachte uns schnell zu den versteckten Küsten von Isabela. Unser stolzes Boot Inti schnitt durch die phosphoreszierende See. Hinter den niederhängenden Wolken verriet ein Widerschein am Himmel die vulkanische Aktivität auf Fernandina, das noch in der Ferne lag.

Diesmal umrundeten wir die Südspitze von Isabela schon so früh, daß wir noch im letzten Abendlicht den Anker an Punta Espinosa werfen konnten. Es war zu spät für den Aufstieg. Ehrfurchtsvoll betrachteten wir die weiße Dampfwolke, die sich über dem Gipfel des Vulkans zusammengeballt hatte. Mit fortschreitender Dunkelheit nahm diese Wolke einen merkwürdigen Schimmer an. Sie strahlte das Licht zurück, welches die glühende Lava in der Caldera nach oben sandte. Alle möglichen Töne und Schattierungen von Rot wechselten sich ab.

Am nächsten Morgen begannen wir bei ruhigem, klarem Wetter unverzüglich den Aufstieg. Obgleich wir den Gipfel schon 52 Stunden nach Beginn des Ausbruchs erreicht hatten, war die Aktivität doch schon beträchtlich zurückgegangen. Aber in der Nacht fing der Riß in der Caldera erneut an, Lava auszuspucken. Wir saßen auf dem Kraterrand, eingehüllt ins Dunkel der Nacht und beobachteten fasziniert dieses Schauspiel. Unsere Überraschungsrufe konnte man selbst durch den kräftigen Wind hören, wenn wieder neue Lavamassen hochgeschleudert wurden. Wie ein orangerotes Feuerwerk schossen Fontänen in hohen Bögen zehn oder fünfzehn Meter hoch in die Luft. Obwohl es nur ein kleiner Ausbruch war, fesselte er uns genauso, als ob wir die größte Eruption auf Erden miterlebt hätten.

Noch weitere drei Tage verweilten wir am Kraterrand und beobachteten die Aktivität im Inneren. Bussarde und Landleguane leisteten uns dabei Gesellschaft. Vor unserer Ankunft war die frische Lava über zwei Kilometer weit zum See hinabgeströmt. Jetzt war sie zwar schon abgekühlt und ziemlich schwarz, aber das Wasser dampfte noch immer auf seiner ganzen Oberfläche. Die kleinen Bahama-Enten müssen eingegangen sein oder den See verlassen haben. Die Route, auf der wir im Vorjahr zum See hinuntergestiegen waren, trug nun eine Decke aus frischer, ganz rissig-rauher Lava.

Unsere letzte Nacht auf Fernandina verbrachten wir wieder am Strand von Kap Douglas unter dem Geschrei der Pinguine, den Kormorannestern, Seelöwen, Pelzrobben und Meerechsen. Die Nacht war ruhig und der Mond zog gemächlich über den wolkenlosen Himmel. Am anderen Tag ließen wir die Reihe der anderen mächtigen Vulkane von Isabela auf unserem Rückweg vorüberziehen.

Ich dachte gewiß nicht, daß ich schon wenige Monate später wieder zu einem anderen Vulkan eilen würde, um meinen Drang zu stillen, eine richtige Eruption zu erleben. Dieser Ausbruch fand am Cerro Azul, dem südlichsten der Isabela-Vulkane, statt. Am 1. Februar 1979 öffnete sich ein Riß von etwa einem Kilometer Länge nahe der östlichen Basis dieses gewaltigen Vulkans und fing an, Lava auszuspeien. Große Fontänen wurden emporgeschleudert und ganze Bäche, leuchtende Flüsse, wälzten sich den Hang herunter. Als ich den Platz zehn Tage später erreichte, schoß die glühende Lava bis 200 Meter hoch in die Luft. Ein mächtiges Dröhnen begleitete die Explosionen. Millionen von geschmolzenen Gesteinsstücken hoben sich und fielen wie Vorhänge hell aufleuchtend in den Nachthimmel. Um zwei Hauptausgänge herum hatte das glutflüssige Material, das in dichten Schauern herniederkam, einen fast hundert Meter hohen Wall aufgetürmt. Der Kegel wuchs immer noch und änderte laufend seine Form. Bei jeder neuen Explosion erzitterte der Boden unseres Lagers, das wir gut einen halben Kilometer davon entfernt errichtet hatten. Die Hitze war noch bis hierher zu spüren. Sie kam wie von einem gigantischen Freudenfeuer und nachts wurde die ganze Umgebung in ein geheimnisvolles rotes Licht getaucht. Die Wolken, der ganze Himmel spiegelten dieses Licht, bei dem wir den Eulen auf ihrer gespenstischen Mäusejagd zusehen konnten. Auf der einen Seite war der Kegel so durchbrochen, daß die Lava in langen Wellen daraus hervorquoll und feurige Rippen auf die Kaskaden setzte, die den Hang herunterliefen. Diese phantastische Aktivität schwoll an und ebbte wieder ab, um aufs neue anzuschwellen. Der Lavastrom, der in langen, schwarzen Feldern endete, erreichte etwa zehn Kilometer Länge.

Drei unbeschreibliche Abende saß ich Stunden um Stunden, gefesselt von diesem Schauspiel, das vor meinen Augen geradezu explodierte. Ganze drei Wochen hielt die Aktivität an und der Vulkan ergoß Sturzbäche von Lava über seine Flanken und jagte Strahlströme von Gas aus seinem Inneren. Dann ging sie allmählich zurück, erstarb und Cerro Azul kehrte zum ruhigen Schlummer seiner Nachbarn zurück – für wie lange?

Von Insel zu Insel

Transportmittel

Die mächtigen Schildvulkane von Isabela und Fernandina und ihr besonderes Tierleben hatten mich schon immer fasziniert. Dennoch gibt es auf den anderen Galapagos-Inseln noch so viele wunderschöne Plätze, daß ein Leben wohl nicht ausreicht, um sie alle kennenzulernen.

Als Kind besuchte ich einige der benachbarten Inseln und Buchten, die näher an unserem Wohnort liegen, zusammen mit meinen Eltern. Wir fuhren mit unserem Boot Puck hinüber. Mein Vater hatte es im Jahr nach der Geburt meines Bruders gebaut. Es war zu klein, um darauf zu wohnen. So verbrachten wir jede Nacht in Lagern am Strand. Später verkauften meine Eltern dieses Boot und erwarben Kim als Nachfolger. Mit diesem Boot erforschten wir die Küsten der Inseln im Detail. Immer weiter kamen wir dabei von unserer Heimatinsel weg und besuchten Plätze, von denen wir vorher nicht einmal etwas gehört hatten. Die Kim war nur sieben Meer lang, offen und nicht sehr seetüchtig. Als mein Bruder und ich älter wurden, genügte der Platz darauf nicht mehr.

Oft sprachen wir darüber, ob wir nicht selbst ein neues, richtiges Segelboot bauen sollten, um damit um die Welt zu fahren. Allmählich sammelten wir Bauholz dazu an, das wir vom Festland bekamen. Auch Kupferdraht besorgten wir uns. Mein Vater beschaffte sich Magazine über Schiffsbau und Seefahrt. Sorgfältig entwickelte er Pläne für ein Schiff, das all unseren Ansprüchen genügen sollte.

Für den Kiel schmolzen wir zwei Tonnen Blei in einem Eisenfaß und gossen es in eine vorbereitete Form aus Holz und Abdeckmetall. Wir verbolzten es dann mit den Spanten aus einem hier wachsenden Holz, das sehr hart und ausgesprochen seewasserfest ist. Der Rahmen wuchs langsam heran. Selbstgemachte Nägel, Nieten und Bolzen verbanden die Teile. Wir planten jahrelang, besserten immer wieder aus und sammelten das Material an, denn praktisch alles mußte von Hand gemacht werden. Allmählich war der Rumpf mit Planken überzogen und das Deck wurde fertig. Wir leimten einen hohlen Mast zusammen, setzten die Takelung und endlich konnte unser neues Boot, die Inti, an einem schönen, windigen Märztag 1976 von Stapel laufen. Es war gerade in der schönsten Jahreszeit! Das

Schiff war zehn Meter lang und wog fast vier Tonnen. Mit größter Anstrengung schafften wir die hundert Meter lange Strecke von unserer Baustelle zum Strand über Planken und Stahlrollen zu einem Platz hinunter, an dem die auflaufende Flut das Boot heben sollte. Da stand es nun und die ersten Wellen umspülten den Rumpf, die ein steifer Ostwind herantrug. Nach vielen Jahren und harter Arbeit hatten wir endlich die Möglichkeit, zu unseren Schatzinseln reisen zu können.

In all den Jahren, während denen unser Boot entstand, war ich immer wieder zu den Inseln unterwegs, gelegentlich auch als Führer für Touristen auf Kreuzfahrtschiffen und Jachten. Das deckte die Kosten für meine fotografische Tätigkeit und brachte mich auf mir noch unbekannte Inseln. Aber nun konnten wir selbst frei herumfahren und an Plätzen, wo es uns gefiel, so lange bleiben, wie wir wollten. Wir konnten zu den abgelegenen Inseln hinaus, ohne daß wir uns vor Schlechtwetter unterwegs fürchten mußten.

Tiefe Gefühle der Ruhe erfaßten mich bei Sonnenuntergang an Bord, wenn ich bei glatter See den Abflug der Gabelschwanzmöwen zu ihren nächtlichen Nahrungsgründen beobachten konnte. Die Grazie in Form und Bewegung war vollkommen, wenn sie – eine nach der anderen – über den Mast unseres Schiffes hinwegschwebten und im dämmrigen Horizont verschwanden. Die letzten Sonnenstrahlen erfassen dann ihr makelloses Gefieder, während der blaßblaue Himmel durch die Federn der Flügel hindurchschimmert. Mit dem Einbruch der Dunkelheit zeigten sich ganze Schulen kleiner Fische im phosphoreszierenden Glanz von Myriaden winziger Planktonorganismen. Ich versuchte mir vorzustellen, wie diese Möwen nun lautlos ihre Beute aus der schimmernden Meeresoberfläche holten. Das Meeresleuchten wies ihnen den Weg dazu. Und wenn nach langer Nacht auf dem Meer, begleitet von Sternen, springenden Delphinen und den leuchtenden Bugwellen unseres Schiffes, der erste Schimmer des neuen Tageslichtes heraufzog, lösten sich wiederum kleine Gruppen gabelschwänziger Möwen aus dem dämmrigen Licht. Doch jetzt strebten sie zurück zu den Küsten.

Eine Insel der Seevögel

Eine der ersten unserer Fahrten brachte uns zur Insel Tower, der nordöstlichsten der Galapagos-Gruppe. Ihre Abgeschiedenheit prädestiniert sie als Brutplatz von Vögeln, die sonst ihr Leben fischend und umherstreifend auf den Weiten des offenen Ozeans zubringen. Hier treffen sich Hunderttausende dieser Hochseevögel nur um der Fortpflanzung willen.

Die lange Fahrt nach Tower führt so weit aufs Meer hinaus, daß man jeden Sichtkontakt mit Land verloren hat, bis die Insel als niedriger, grauer Streifen am Horizont auftaucht. Wie ein Keil liegt sie zwischen Luft und Meer. Sie besteht aus einem großen, aber inaktiven Vulkan, von dem nur die oberste Spitze über das Wasser herausragt. Die Insel trägt zwei große Krater. Der eine bildet einen Salzwassersee, der andere die Darwin-Bucht an seiner Südseite. Schon bei der Anfahrt bemerkten wir eine große Zahl von Seevögeln über uns. Einige verließen die Insel gerade, andere kehrten in Schwärmen zu ihren Nestern zurück. Junge Tölpel sahen sich neugierig die Takelung unseres Schiffes an, während winzige Sturmschwalben über die Kämme der Wellen huschten. Starke Meeresströmungen ziehen um die Inseln und nagen unter der Oberfläche an den Klippen von Tower. Es kostet oft einen ziemlichen Kampf, bis man in die ruhigen Wasser der Darwin-Bucht gelangen kann. Als wir die lange, rauhe Durchfahrt hinter uns hatten, fühlten wir uns wieder ganz klein in dieser Welt der Seevögel. In langen Ketten kamen Masken- und Rotfußtölpel vom Meer her gezogen. Ihre hungrigen Jungen erwarteten sie. Schimmernde Gabelschwanzmöwen huschten graziös die schwarzen Klippen entlang, die den Kreis der Bucht bildeten. Überall hingen die großen Fregattvögel schwerelos segelnd in der Luft. Über einem Turm, den die Klippen formten, zog sich ein ganzer Schwarm von ihnen in der Luft zusammen und ließ sich vom Aufwind hochtragen. In Spiralen kreisten sie immer höher hinauf, bis sie allmählich in den dünnen Wolken verschwanden, ohne auch nur eine Schwinge bewegt zu haben.

Auf der Insel selbst lärmten windseitig die herrlich weißen Maskentölpel in ihren Brutkolonien, während Zehntausende von Rotfußtölpeln in den kurzen, silbrig glänzenden Bäumen der Bursera, die die Insel bedecken, ihre Nester errichtet hatten. In verborgenen Höhlen der Lavaklippen befanden sich die Nester des Rotschnabel-Tropikvogels, dessen akrobatische Flugspiele von seinem glänzendweißen Gefieder und den langen, schmalen Schwanzschleppen unterstrichen werden. Auch die schwarzweißen Audubon-Sturmtaucher waren darunter.

An der Ostseite der Darwin-Bucht brütet ein riesiger Bestand von Sturmschwalben – vielleicht eine halbe Million! Bindensturmschwalben flattern vom Morgengrauen bis zur Abenddämmerung davor herum und bilden ein riesiges gefiedertes Labyrinth. Wie tote Blätter in einem Windstoß drehen und winden sie sich über die Klippen und scheinen manchmal in der Luft zusammenzustoßen. Plötzlich sieht man dann eine Schwalbe unter einem Felsvorsprung verschwinden. Wenn man gut aufpaßt, kann man unter der Lavakruste das dumpfe Gemurmel der zahllosen winzigen Vögel auf ihrem Weg zu den unterirdischen Nestern hören. Senkt sich am Nachmittag die Sonne, verschwinden sie allmählich, und wenn die Nacht hereinbricht, beherrscht eine andere Art die Szene. Nun kommen die Keilschwanzsturmschwalben zurück und übernehmen die Kolonie auf der Suche nach ihren eigenen Nestern. Sumpfohreulen lauern ihnen dabei auf, und auf größeren Lavablöcken zeugen die verstreuten Federn und die Überreste der Körper vom nächtlichen Mahl dieser Eulen.

Noch eine dritte Sturmschwalbenart, die Weißbauch-Sturmschwalbe, lebt auf der Insel, doch ihre Nester hat man bislang noch nicht entdecken können. Sie hält sich näher an der Küste als die beiden anderen Arten auf. In typischer Flugweise der Sturmschwalben trippelt sie mit ihren Schwimmhäute tragenden Beinen über der Wasseroberfläche umher, rüttelt wie ein Schmetterling und nimmt ihre winzige Nahrung auf.

Das Leben des Binden-Fregattvogels

Zwei Fregattvogelarten nisten auf Tower, der Binden- und der Prachtfregattvogel. Sie sehen sich sehr ähnlich und die Männchen lassen sich nur am metallischen Glanz ihres Rückengefieders unterscheiden; die Weibchen im Ausmaß der weißen Gefiederpartien an der Brust und am rosa anstatt blauen Augenring. Vom Prachtfregattvogel nisten nur einige Hundert Paare auf Tower, während es vom Bindenfregattvogel mehrere Tausend sind, die sich über die Insel verteilen. Ich hatte mir bei dieser Reise im April vorgenommen, einige der faszinierenden Details aus dem Leben der Bindenfregattvögel im Bild festzuhalten. Denn ich wußte, daß dies die Zeit war, in der die Fregattvögel ihre höchst merkwürdige Balz vollführen.

Unmittelbar hinter dem kleinen Strand, an dem wir landeten, befand sich niedriges Buschwerk, auf dem sich die Fregattvogelmännchen zu ihrem Balzspiel versammelt hatten. In kleinen Gruppen saßen sie in den immergrünen Büschen. Sobald ein weißbrüstiges Weibchen über ihnen erschien, fing die ganze Kolonie ein unglaubliches Zeremoniell an. Die Männchen blasen dabei ihren roten Kehlsack auf und recken ihn nach oben. Dabei stoßen sie merkwürdige Töne aus. Dann legen die glänzendschwarzen Vögel den Kopf auf den Rücken und exponieren den scharlachroten, stark angeschwollenen Kehlsack in voller Größe. Wie aufgeblasene Luftballons sehen sie aus. Die grünschimmernden Schulterfedern flattern im Wind, wenn die halbgeöffneten oder weit ausgebreiteten Schwingen heftig zu zittern beginnen.

Kommt ein Weibchen tiefer und rüttelt über einem Männchen, gerät dieser Bereich der Kolonie geradezu in Ekstase. Hat es gewählt, dann geht es neben dem Auserwählten nieder und ignoriert den Rest. Das Paar beginnt nun Kopf und Brust aneinander zu reiben und das Männchen umkreist langsam seine neue Partnerin mit ausgebreiteten Flügeln. Doch mitunter kommt es vor, daß an diesem Punkt das Weibchen abbricht und das Männchen wieder verläßt. Es sucht dann weiter. Bleibt es aber, so gerät das Paar immer tiefer in das Balzritual hinein, festigt das gegenseitige Vertrauen und kräftigt die starke Bindung, die notwendig ist für die monatelange Sorge um die Nachkommenschaft, die nun vor ihnen liegt.

Viele Tage bringen die Männchen in der Kolonie ohne Nahrungsaufnahme zu. Sie sitzen da und warten, ob ein Weibchen kommt. Beim Schlaf ruht ihr Kopf auf dem schrumpfenden Kehlsack, und von Zeit zu Zeit versuchen sie, die Aufmerksamkeit eines vorüberfliegenden Weibchens auf sich zu lenken. Der Tumult in der Kolonie geht noch weiter, wenn die neugebildeten Paare zur nächsten Aktivität übergehen. Der Kehlsack schrumpft bei den Männchen nun beträchtlich zusammen und verliert seine intensive Farbe. Bald fangen beide an, das Nest zu bauen. Dazu muß das Männchen jeden Tag Dutzende von Flügen unternehmen, Zweige von Büschen oder Bäumen abbrechen und passendes Treibholz in meisterhaften Flugmanövern aus der Brandung holen. Jedesmal kehrt es schnell zurück, ruft sanft seine Gefährtin, die am Balzplatz geblieben war, und übergibt ihr das Material. Sie setzt es zu einer lockeren Plattform zusammen, auf der das Ei abgelegt wird. Sobald das Ei im Nest ist, wechseln sich beide 55 Tage im Brüten ab. Da sie weite Ausflüge zu ihren Nahrungsgründen unternehmen müssen, dauert ein Brutabschnitt bis zu zwei Wochen. In dieser Zeit sitzen sie bewegungslos Tag und Nacht da, nehmen weder Nahrung noch Wasser zu sich und erwarten ihren Partner. Das winzige Junge schlüpft schwach, hilflos, blind und völlig nackt. Erst nach mehreren Wochen bekommt es die hübschen weißen Dunen, die so sehr einer weichen Decke aus Baumwolle ähneln. Bis zu diesem Zeitpunkt muß es von den Eltern beständig zugedeckt werden zum Schutz gegen die starke Sonne, gegen räuberische Artgenossen und Lavamöwen. Die Eltern wechseln sich dabei ab und füttern ihr Junges, das nach und nach heranwächst, mit vorverdauter Nahrung, meist mit wieder ausgewürgtem Fisch.

Das Junge wächst nur sehr langsam heran, denn es ist offenbar schwierig, genügend Nahrung herbeizuschaffen. Mit sechs Monaten verliert es sein weißes Dunenkleid und schwarze Federn wachsen, jedoch nicht im Bereich des Kopfes, der vorerst weiß und rotbraun bleibt. Es hat nun etwa die Größe der Altvögel erreicht und fängt zu fliegen an. Nahrung bleibt aber knapp und Hunger eine ständige Bedrohung. Für die flüggen Jungen steht noch eine schwere Zeit bevor, in der sie lernen müssen, so perfekt wie ihre Eltern mit den Schwingen umzugehen, um weit draußen auf dem Meer mit einem einzigen Hieb des langen Hakenschabels einen Fisch zu erbeuten, ohne dabei selbst das Wasser zu berühren. Sie bleiben daher während dieser Zeit noch von den Eltern teilweise abhängig. Wenigstens sechs weitere Monate kann dies dauern. Immer wieder müssen sie zu ihrem langsam zerfallenden Nistplatz zurück, um dort Futter zu erhalten. Ein ganzer Brutzyklus kann daher sechzehn bis achtzehn Monate dauern. Dies erlaubt den Altvögeln in der Regel nur jedes zweite Jahr das Brüten. Doch sogar am Ende der langen Betreuungszeit sind die jungen Fregattvögel noch keineswegs so perfekt, daß sie die besondere Jagdtechnik der Altvögel ohne Probleme beherrschen. Viele von ihnen gehen zugrunde, bevor es wirklich so weit ist.

Der Bindenfregattvogel lebt die meiste Zeit über dem Meer. Seine Nahrungsgründe liegen weit draußen im offenen Ozean, wo er über den Wellen umhersegelt und fliegende Fische zu packen versucht, bevor sie wieder im Wasser verschwinden. Eine andere Jagdmethode zeigt er bei den Brutkolonien der Seevögel. In piratenhaften Überfällen versucht er anderen, mit Beute zurückkehrenden, die Nahrung abzujagen. Oft habe ich die Fregattvögel dabei beobachtet. Sie segelten über der Küstenlinie und stürzten sich urplötzlich mit nicht erwarteter Geschwindigkeit wie ein Federpfeil auf einen ankommenden Tölpel. Dieses unglückliche Opfer erbricht meist sofort seine Nahrung, die es im Kropf und Schlund trägt, um schneller davonzukommen. Genau dies beabsichtigt der angreifende Fregattvogel und schnappt sich die Beute, noch bevor sie am Boden oder an der Wasseroberfläche ankommt. Gibt der Tölpel seine Beute nicht schnell genug her, dann versucht ihn der Fregattvogel am Schwanz zu packen, was das Geschehen in aller Regel stark beschleunigt. Der laut schreiende Tölpel stürzt ab und landet im Wasser oder im Buschwerk. Obgleich viele Fregattvögel diese Piraterie versuchen, gelingt es offenbar nur wenigen, einen beutetragenden von einem beutelosen Tölpel zu unterscheiden. Meist handelt es sich bei den Angreifern um Männchen, die schon in Bruchteilen von Sekunden nach Beginn des Angriffs merken, ob sich die weitere Verfolgung lohnt oder nicht. Oft schließen sich dem Jäger weitere an, die ebenfalls auf leichte Beute hoffen.

Im Flug bietet der Fregattvogel einen faszinierenden Anblick. Seine akrobatischen Leistungen in der Luft scheinen kaum überbietbar. Mit phantastischer Präzision schießt er in elegantem Bogen blitzschnell hernieder und ergreift mit dem langen, hakenbewehrten Schnabel selbst das winzigste Stück Beute an Wasseroberfläche oder Strand. In der Luft vollführen sie oft Kämpfe um die begehrte Beute. Mit hörbarem Pfeifen der Federn jagen sie einander, rütteln oder fliegen manchmal sogar ein Stück rückwärts, bis der schnellste die Beute erreicht hat und damit entkommt. Im Gegensatz zu den anderen Seevögeln gehen sie nie auf das Meer nieder, denn ihre Federn würden sich mit Wasser vollsaugen. Wenn sie auch manchmal Kopf oder Vorderkörper beim Baden eintauchen, so halten sie doch stets die Schwingen über Wasser. Die Flügelspanne erreicht beim Bindenfregattvogel 2,40 Meter. Doch ein erwachsenes Männchen wiegt nur 1,4 Kilogramm. Alle fünf Arten von Fregattvögeln, die es auf der Welt im Bereich der tropischen Meere gibt, weisen bei ähnlichen Größenverhältnissen die relativ zum Körpergewicht größte Flügelfläche auf. Das ist einer der Hauptgründe, weshalb sie so perfekte Flugkünstler, vielleicht die besten Flieger der Welt überhaupt, geworden sind. Fregattvögel, so hat man den Eindruck, können sich nur im Fluge entspannen. Im Fliegen nehmen sie ihre Nahrung auf, kämpfen miteinander, sammeln Nistmaterial, baden oder schlafen vielleicht auch, wenn sie ihre langen Wanderflüge starten, die sie Tausende von Kilometern vom Land wegführen, ohne daß sie aufs Wasser niedergehen.

Zwei ganz besondere Möwen

Auf der Insel Tower leben auch zwei ganz besondere Möwenarten. Beide kommen nur im Galapagos-Archipel vor, doch sie sind völlig verschieden.

Die eine davon ist die Lavamöwe – eine merkwürdige Art, die im Gegensatz zu ihren sonst weltweit doch meist recht erfolgreichen Verwandten im Lebensbereich der Galapagos-Inseln eher eine Randposition einnimmt. Sie brütet selten und scheint viel Zeit damit zu verbringen, in kleinen Gruppen auf flachen Küstenlagunen umherzuschwimmen. Von dort vernimmt man ihre lachenden Rufe bis tief in mondhelle Nächte hinein. Nur etwa 400 dieser Vögel bewohnen die Galapagos-Inseln. Es gibt keinen Hinweis darauf, daß sie früher vielleicht häufiger gewesen wären. So stellt diese Art eine vergleichsweise sehr kleine Population dar, von er bis heute nur eine Handvoll Nester gefunden und beobachtet werden konnte. Das ist um so überraschender, als beide Partner des Brutpaares jeden Eindringling mit Vehemenz angreifen, auch wenn der viel größer ist als sie selbst. Mit Angriffsrufen stürzen sie sich aus der Luft auf ihn und schlagen ihn blitzschnell auf den Kopf.

Auf der kleinen, flachen Sandinsel Mosquera konnte ich einmal ein Paar dabei beobachten, wie es immer wieder die zahlreichen Seelöwen vertrieb, die sich ihrem Nistplatz näherten. Das Gelege befand sich in einem Flecken sukkulenter Pflanzen. Selbst wenn die Jungen schon ausgeflogen sind, bleiben die Altvögel bei ihnen und füttern oder verteidigen sie noch mehrere Monate lang.

Ganz im Gegensatz dazu leben auf den Inseln an die 20 000 Gabelschwanzmöwen. Die Vulkanklippen stellen ihre hauptsächlichen Brutplätze. Wenn sie an den dunklen Lavawänden fast schwerelos im feuchten Seewind vorbeischweben, schimmert die Sonne durch ihr zartes weißes Flügelgefieder und durch den deutlich gegabelten Schwanz. Es wird einem fast schwindelig, wenn man versucht, eine dieser Möwen im Auge zu behalten, wie sie in der Brise überm Meer dahinkreist, sich hochhebt und wieder hinabtaucht mit unmerklichen Flügelschlägen. Der leichte Körper bewegt sich so elegant wie die Luftströmungen, die ihn tragen. Einen Augenblick scheint er nicht zu wissen, wohin er sich wenden soll, dann dreht er sich, hängt fast bewegungslos in der Luft über der Spitze einer Klippe und dreht sich dann weiter. Manchmal stößt die Möwe dabei einen dünnen, schrillen Schrei aus. Er ist die Antwort auf den Ruf des Partners oder Artgenossen. Dann hebt sie sich ganz leicht hinunter auf das Nest, das auf einer vorspringenden Lavaklippe liegt. Wenn sie sich niederläßt, schweben andere Möwen hinaus und das Spiel beginnt von neuem. Die leuchtend rosaroten Beine sind dünn und wirken zerbrechlich. Auch der Körper ist schlank gebaut. Aber hinter dem langen, spitzen Schnabel liegt als auffallendstes Körpermerkmal das große schwarze Auge, dessen Wirkung durch einen dünnen Ring orangefarbener Haut noch verstärkt wird. Er verleiht diesem Vogel ein besonderes Aussehen; ganz anders, als man es von Möwen gewohnt ist. Die Art stößt einen rauhen, knatternden Alarmruf aus, dem meist ein dünner Schrei aus weit geöffnetem Schnabel folgt. Ungewöhnlich wie das Äußere gestaltet sich aber auch die Lebensweise der Gabelschwanzmöwe. Denn sie fliegt nachts auf Nahrungssuche. Ihre großen Augen ermöglichen ihr, bei Nacht den kleinen Fischen und Kopffüßlern nachzustellen, die sie an der Wasseroberfläche erbeutet. Tagsüber bleibt es meist ruhig in der Kolonie der Gabelschwanzmöwen. Die meisten Vögel schlafen in den wärmeren Tagesstunden. Doch gegen Einbruch der Dämmerung kommt Leben in sie. Ein Chor von Schreien und rauhen Rufen hebt an, wenn sich Auseinandersetzungen um das Brutrevier oder die Balz verstärken. Bald nach Sonnenuntergang fangen sie dann an, über dem Brutgebiet zu kreisen, und mit abnehmender Helligkeit fliegt Gruppe um Gruppe zur Nahrungssuche aufs Meer hinaus. Wenn es ganz dunkel geworden ist, befinden sich nur noch jene Vögel in der Kolonie, die brüten oder Junge hudern müssen. Nach Mitternacht kehren die Partner zurück und lösen sich ab. Noch vor Sonnenaufgang kommen auch die anderen zurück, füttern die Jungen oder fangen wieder zu balzen an.

Jedes Weibchen legt nur ein einziges Ei pro Brut. Das Nest besteht aus Hunderten kleiner Kieselsteine, die einzeln herangetragen und mit Sorgfalt aufgeschichtet werden. Beide Partner wechseln sich bei der etwas über einen Monat dauernden Brütezeit ab. Das Junge schlüpft gut geschützt von einer dicken Schicht flaumiger, grauer Dunen, die ganz gut tarnen. Trotzdem sind die Verluste hoch, denn Sumpfohreulen und Fregattvögel versuchen immer wieder, die Jungen zu erwischen, wenn sie unbewacht sind. Manchmal fallen sogar die roten Lavakrabben, die überall an den Klippen häufig sind, über die Kücken her. Die Altvögel stehen solchen Gefahren recht hilflos gegenüber. Sie schreien erbärmlich, greifen aber nicht an.

Wenn ein Jungvogel überlebt, wächst er kontinuierlich heran und probiert im Alter von rund zwei Monaten seinen ersten Flug über die Klippen. Er ist noch unsicher, aber während ihn die Eltern einen weiteren Monat kräftig füttern, gelingt das Fliegen immer besser. Eines Nachts ziehen dann die Altvögel aufs Meer hinaus und kehren nicht mehr zum Nistplatz zurück. Wenn das Junge nicht mitkommt, muß es alleine zurechtkommen. Bald wird man die jungen Gabelschwanzmöwen in Landnähe nicht mehr antreffen, denn sie wandern nun süd- und ostwärts zu den nahrungsreichen Zonen im kalten Humboldtstrom, weit vor der Küste von Peru und Ecuador. Dort suchen auch die Altvögel nach Nahrung, bis sie nach vier Monaten wieder zu den Galapagos-Inseln zurückkehren und einen neuen Brutzyklus beginnen. Die Jungen schließen sich erst an, wenn sie im Alter von drei Jahren das Brutkleid bekommen haben.

Der Tanz des Blaufußtölpels

Die Insel Daphne reckt sich als kleiner Vulkankegel im Windschatten von Santa Cruz aus dem Meer. Ganz allmählich steigt sie vom Meeresniveau bis auf etwa 180 Meter Höhe an. Ausgewaschene Uferklippen säumen sie ein. Nur eine lockere Decke aus Buschwerk und einzelne Kakteen überziehen die Insel. Sie besteht aus vulkanischem Tuffgestein und trägt im Zentrum einen steilwandigen Krater. Auf dem flachen, sandigen Boden dieser riesigen Grube stellt sich in den kühleren Monaten des Jahres eine bemerkenswerte Aktivität ein. Das ist die Phase im Jahr, die das günstigste Nahrungsangebot für die Blaufußtölpel bietet. Und so kommen mehrere Tausend dieser merkwürdigen, hochspezialisierten Seevögel hier zum Nisten zusammen.

Oft saß ich am Rande und genoß das Treiben unter mir, bevor die Morgensonne in die bizarre Welt dieses kleinen Kraters hereinbrach.

In der schattigen Kühle drunten wird jeder freie Platz von einem Tölpelpaar besetzt. Zur Balzzeit zeigen sie ein eindrucksvolles Schauspiel von Bewegungen. Sie beginnen damit, daß sich das Männchen streckt und mit hoch aufgerecktem Kopf aus dem himmelwärts gerichteten Schnabel einen klagenden Schrei ertönen läßt. Er soll die Aufmerksamkeit des Weibchens erregen. Kommt es näher, dann verstärkt das Männchen diese Bewegung und leitet dann über in einen höchst sonderbaren Tanz. Schnabel und Schwanz starr hochgereckt, hebt es langsam und demonstrativ zunächst einen der intensiv blauen Füße, sinkt zurück und hebt den anderen. Dieses Heben und Senken der Beine hält an, bis sich das Weibchen hinzugesellt und seinen Hals fast umschlingt, wobei es ebenfalls den Schnabel steil nach oben reckt. Bald darauf reichen sie einander symbolisch Nistmaterial. Steinchen, Zweige oder Federn werden ausgetauscht, obwohl das »Nest« seltsamerweise nur aus einer leicht ausgescharrten Mulde bestehen wird. All die rituell präsentierten Nestbaumaterialien werden danach achtlos verstreut. Überall am Kraterboden zeigt sich diese fieberhafte Balzaktivität, und aus dem windstillen Morgenhimmel kreisen weitere Tölpel hernieder, um sich daran zu beteiligen.

Die Zeit drängt die Tölpel, denn sie beginnen mit dem Nisten, wenn die Nahrungslage gut aussieht. Das kann sich aber schnell ändern. Ihre Technik der Nahrungssuche erfordert eine hohe Fischdichte im flacheren Wasser des Küstenbereichs. Nur bei genügend großem Angebot können sie erfolgreich Junge großziehen. Wenn die Fischschwärme zu schnell aus dem Einzugsbereich der Brutkolonie abwandern, müssen die Jungen verlassen werden. Halberwachsene Junge verhungern dann hilflos. Deshalb werden die Eier sehr schnell gelegt. Meist enthält das Gelege zwei Stück, aber es können auch bis zu vier Eier ausgebrütet werden. Die Eiablage kostet natürlich einige Tage Zeit, aber die Altvögel beginnen gleich das erste zu bebrüten, um keine Zeit zu verlieren. Das bedeutet, daß die Jungen nacheinander und nicht gleichzeitig schlüpfen. Sie behalten meist die ganze Aufzuchtzeit hindurch die unterschiedliche Größe als Folge dieser ungleichen Schlüpfzeit. Wird die Nahrungsversorgung kritisch, dann sterben in der Regel die jüngeren und schwächeren Jungvögel zuerst. Das erstgeschlüpfte, größte Junge kommt meist noch durch und schafft das Ausfliegen. Wären die Jungen gleichzeitig geschlüpft, würden wohl alle eingehen, weil die Unterschiede zu gering wären.

Einmal wurde ich Zeuge des Ausfalls einer ganzen Brutkolonie. Es war während der wärmeren Monate zwischen Januar und Mai. Das Brüten wurde von einer unzeitgemäßen Fischhäufigkeit ausgelöst. Viele Paare versorgten noch zwei oder drei große, wohlgenährte Junge, während unzählige andere gerade intensiv mit der Balz anfingen. Zwei Wochen danach kehrte ich zurück und sah, daß das Unglück hereingebrochen war. In der verlassenen Kolonie übersäten die Kadaver der noch mit Dunen bedeckten Jungvögel den Boden. Nur einige größere, noch flugunfähige Junge warteten auf ihre Eltern. Kam ein Altvogel an, so wurde er von den hungrigen Jungen so wild empfangen, daß er oft wieder abflog, ohne sie überhaupt gefüttert zu haben. Mich bedrückte dieses Erlebnis eine ganze Weile, aber ich mußte erkennen, daß es eben jene feine Grenze gibt, die Leben und Tod, Erfolg oder Mißerfolg scheidet, und die wie überall in der Natur auch für die Tölpel das Gleichgewicht aufrechterhält. In ein paar Wochen oder Monaten, das wußte ich genau, würden die Tölpel zu einem anderen Brutversuch zurückkehren. Vielleicht verläuft dieser mit größerem Erfolg.

Das Sturztauchen der Tölpel fasziniert jeden, der es einmal ausgiebig beobachten konnte. Trotz der extremen Stromlinienform und den Luftpolstern unter der Haut verwundert es immer wieder, wie der Körper dieses Vogels den Aufschlag auf dem Wasser aus fünfzehn oder mehr Metern Höhe so ohne weiteres übersteht. Das Blaufußtölpel-Männchen ist deutlich leichter als das Weibchen. Es bringt meist nur etwa 1200 Gramm auf die Waage; verglichen mit den 1800 Gramm des Weibchens, sein Gewicht macht nur etwa zwei Drittel davon aus! Dadurch erlangt es eine ausgesprochen gute Manövrierfähigkeit nach dem Eintauchen, die nicht nur erfolgreichen Fischfang, sondern auch das Ausweichen vor Hindernissen ermöglicht. So schafft es die atemberaubendsten Tauchmanöver in weniger als einem Meter Tauchstrecke.

Der leichtgezähnte Schnabelrand der Tölpel erlaubt es ihnen, sehr wirksam unter Wasser die schlüpfrigen Fische festzuhalten. Fast immer verschlingen sie ihre Beute schon, bevor sie wieder auftauchen. Die Rotfuß- und die Maskentölpel holen ihre Nahrung aus der Hochsee, aber die Blaufußtölpel beschränken sich auf die küstennahen Gewässer, wo sie geschickter sind. Manchmal schießen sie nicht in der üblichen Weise fast senkrecht zum Wasser hinunter, sondern sausen mit hoher Geschwindigkeit in flachem Winkel hinter oberflächennahen Fischen her. Obwohl sie dabei das Wasser berühren, behalten sie so hohe Geschwindigkeit, daß sie nach dem Auftauchen gleich wieder weiterfliegen.

Wenn sich manchmal riesige Schwärme kleiner Fische in geschützten Buchten ansammeln, kommen Hunderte, ja Tausende von Blaufußtölpeln herbei, um von diesem Massenangebot an Nahrung zu profitieren. In dichten Wolken attackieren sie die Fischschwärme, und man meint, sie müßten in der Luft oder unter Wasser zusammenstoßen. Sie tauchen auf, heben sich ab, gewinnen etwas Höhe und schnellen schon wieder wie ein Torpedo dicht an dicht ins Wasser zurück. Das Meer kocht unter dem Ansturm ihrer Körper, die wie Hagelschlag herniederprasseln. Das geht so lange weiter, bis sich die

Fische stark genug verteilt haben und sich die erschöpften Vögel zu einer Rast auf die nahen Felsen zurückziehen. Nach ein oder zwei Stunden haben sich die Fische meist wieder gesammelt und die Jagd beginnt von neuem. Doch in der Regel jagen die Tölpel alleine oder in kleinen Gruppen, denn die Nahrung ist stärker verteilt und es bedarf hoher Anstrengungen, Tag für Tag genügend davon zu erbeuten.

Der Rotschnabel-Tropikvogel

Der Blaufußtölpel besiedelt das geschützte Innere des Kraters auf Daphne. An den äußeren Hängen aber ziehen die stimmgewaltigen Paare des Maskentölpels ihre flaumigen Jungen groß. Unter ihnen verbrachte ich auch viele Stunden, um den Balzflug des Rotschnabel-Tropikvogels zu beobachten.

Ohne ihren steten Flügelschlag zu ändern, ziehen diese ganz außergewöhnlichen Vögel ihre Kreise. Sooft sie nahe ans Ufer kommen, stoßen sie eine Serie ohrenbetäubender, schriller Schreie aus. Dabei halten sie ihre Flügel sekundenlang steif V-förmig und drehen dann ihre Runden weiter. Kommen sie nahe genug vorbei, sehe ich ihr glänzendschwarzes Auge, ihren dolchartigen, roten Schnabel und die sanften Wellen, die während des Fliegens über die verlängerten Schwanzfedern laufen. Ich sah ihnen zu, wie sie sich heftig in ihre Nisthöhlen und -spalten hineinstürzten, und ich hörte ihr unterirdisches Begrüßungsgeschrei, wenn sie einander in der Höhle trafen. Einmal konnte ich zwei volle Tage lang ihr Kommen und Gehen an einem ungewöhnlich gut einsehbaren Nest beobachten. Dabei erhielt ich Einblicke in das Privatleben dieses sonst recht verborgen lebenden Vogels.

Mit ruhigen, aber schnellen Flügelschlägen fliegt dieser glänzendweiße Vogel über die Hochsee. Viele Monate lang ziehen die Tropikvögel übers Meer, folgen den Fischschwärmen, beschreiben ausgedehnte Kreise und lassen sich aufs Wasser nieder, wenn sie des Fliegens müde sind. Doch dann starten sie eines Tages zu einem Flug, der sie geradlinig, wie an der Schnur zu einem bestimmten Ziel gezogen, wegführt aus den bisherigen Jagdgründen. Vielleicht war es nur eine leichte, kaum merkliche Änderung der Wassertemperatur, die die Fische häufiger werden ließ. Oder sein Instinkt sagte ihm, daß es Zeit wird zum Brüten. Fast ein Jahr ist es her, daß der Tropikvogel nicht mehr an Land war. Mag sein, daß er auf seinen Streifzügen manchmal die feinen Konturen einer Insel im Dunst wahrgenommen hatte, aber sie zogen ihn nicht an und änderten nichts an seinen Wanderflügen überm Meer. Doch jetzt zieht er mit größter Geschwindigkeit dahin, obgleich er nichts von jenem Stück Land sehen kann, das noch weit unter dem Horizont liegt. Seinen Kopf wendet er hin und her. Hat er einen silbrig-glänzenden Fisch oder Tintenfisch passender Größe unter der Oberfläche entdeckt, dann stürzt er fast wie ein Tölpel senkrecht hinab. Die Flügel bleiben halb geschlossen. Heftig schlägt der Vogelkörper auf dem Wasser auf, um die Beute zu erlangen.

Die erste Insel kommt in Sicht, aber der Tropikvogel umgeht sie und setzt seinen Flug fort. Endlich erreicht er Daphne. Die Klippen dieser Insel sind ihm vertraut – sie sind seine Heimat. Mehrere andere Tropikvögel sind bereits da und er schließt sich ihren Balzflügen an. Wenn er einen Partner gefunden hat, begibt er sich sofort auf die Suche nach einem geeigneten Nistplatz, einer Höhle im steilen Abhang der Insel.

Wie andere Seevögel auch so erwartet nun ein anstrengender und gefährlicher Lebensabschnitt das neugebildete Paar. Es muß versuchen, das Gelege erfolgreich zu zeitigen und die Jungen zum Ausfliegen zu bringen. Sumpfohreulen bedrohen die kleinen Jungen, aber die größte Gefahr bildet der Hunger. Die Partner im Paar müssen einander vollkommen vertrauen und die Last partnerschaftlich teilen. Jeden Tag müssen sie genügend Fisch herbeischaffen – für die schnellwachsenden Jungen, aber auch, um sich selbst in Form zu halten. Doch noch eine weitere Gefahr bedroht die Tropikvögel, wenn sie zu ihren Nestern zurückkehren. Hoch in der Luft hängen die räuberischen Fregattvögel, die nur darauf warten, daß ein beutebeladener Tropikvogel zurückkommt. Vielleicht gelingt es ihm, unter Aufbietung seiner letzten Kräfte, dem Angriff zu entkommen. Doch die Fregattvögel sind sehr schnell und geben selten auf. Mußte ihnen der Tropikvogel Tribut zollen, so bleibt vielleicht doch noch genug übrig, um die Jungen zu füttern. Meistens müssen sie aber zurück auf See, um erneut Beute einzutragen.

In der Regel kommen aber die Altvögel unbehelligt zum Nest zurück. Jeden Tag braucht das Junge dann größere Nahrungsmengen. Es wächst heran, wird größer und schwerer. Aus dem weichen Gurren, das die Kleinen bei der Rückkehr der Eltern ausstoßen, werden nun laute und schrille, fordernde Schreie. Allmählich ersetzt auch das silbrige Hauptgefieder den wolligen Dunenpelz, und der anfänglich plumpe Körper bekommt Form. Eines Tages, zwei Monate sind seit dem Schlüpfen vergangen, kehren die Eltern nicht mehr zurück zum Füttern. Das Junge versteht das nicht. Es sitzt da und wartet einfach. Die Erwachsenen haben nach den Wochen hingebungsvollen Lebens das Brutgebiet verlassen und sind erneut auf den offenen Ozean hinausgezogen. Die Jungen werden hungriger und hungriger. Nun sagt ihnen ihr Instinkt, daß es auch für sie an der Zeit ist, abzufliegen und das eigenständige Leben zu beginnen. An einem windigen

Morgen öffnen sie die vollständigen Schwingen und stoßen sich vom Felsvorsprung ab, hinter dem ihr Nest lag. Wie die anderen Artgenossen ziehen sie dann hinaus aufs Meer.

Inselleben auf Hood

Tropikvögel, Fregattvögel, Blaufuß- und Maskentölpel leben auch auf Hood oder Española, der südlichsten Insel des Galapagos-Archipels. Doch dort bilden sie Bestandteil einer ganz unterschiedlichen und deutlich anders gearteten Lebensgemeinschaft. Die Insel liegt windwärts von der Gruppe, und auch die Meeresströmungen ziehen von ihr weg, so daß sie am stärksten von allen isoliert und dem geringsten Austausch zwischen den Inseln ausgesetzt ist. Deshalb entwickelten sich die meisten der Bewohner dieser Insel zu ganz eigenen Formen.

Die Lavaechsen bilden hier, wie auch die Spottdrosseln, eine viel größere Form. Die Meerechsen auf Hood sind dagegen schlanker, und die Männchen zeigen während der Fortpflanzungszeit eine prächtige Färbung aus roten und grünen Flecken an Rücken und Beinen. Die örtliche Rasse der Riesenschildkröte, von der nur noch ganz wenige Exemplare leben, entwickelte sich zu einem ganz extremen Sattelrücken-Typ.

Der wahrscheinlich spektakulärste Bewohner dieser Insel dürfte der Wellenalbatros sein. Dieser stattliche Vogel erreicht eine Flügelspannweite von 2,40 Metern. Wie alle Albatrosse ist er ein vorzüglicher Flieger. Er trägt einen langen, schlanken, gelben Schnabel und einen ungefleckt weißen Nacken. Feine Wellenlinien, die sich über das Brustgefieder ziehen, gaben dem Vogel den Namen. Etwas erhabene Federreihen über den Augen beschatten die tiefen, schwarzen Augen und verleihen dem Blick eine merkwürdige Starre.

Alljährlich erscheint der Wellenalbatros im März oder April an der Insel. Die ersten Vögel, die man zu Gesicht bekommt, kreisen stundenlang über den dunklen Klippen. Dann lassen sie sich eines Tages auf den felsigen Lichtungen im Buschwerk, das die Insel überzieht, nieder. Weitere kommen von ihren Wanderflügen über den Ozean zurück. Die Paare finden sich, und nach einem kurzen Balzspiel beginnt die Verpaarung. Bald darauf legen die Weibchen ihre großen weißen Eier auf den rötlichen Lehm zwischen den Lavabrocken. Beim Schlüpfen sind die Jungen schon ziemlich groß, plump und wechseln in der Farbe von Schokoladenbraun zu hell cremefarbenen Tönen. Da kein Nest gebaut wird, ziehen sich die Jungen öfters in den Schatten der angrenzenden Büsche zurück, wenn die Eltern zur Nahrungssuche ausgeflogen sind. Sie bringen ihrem Nachwuchs öligen Fisch als Nahrung.

Mehrere Monate lang spielt sich dies Tag für Tag ab, bis die Jungen etwa die Größe der Eltern erreicht haben und das flaumige, braune Dunengefieder durch glatte und feste Konturfedern abgelöst ist. Im November und Dezember setzt dann eine ganz andere Aktivität ein. An einem späten Nachmittag, wenn die Luft kälter wird und die Feuchtigkeit der kühlen Jahreszeit heraufzieht, beginnen die Paare ein erregtes Spiel. Eines nach dem anderen fängt an, in streng ritualisierter Weise mit den Schnäbeln zu fechten, sie weit aufzusperren, nach oben zu recken und symbolisch das Gefieder zu putzen. Ganze Wellen von Erregung durchlaufen die Kolonie, schwellen an und klingen wieder ab. Dieses merkwürdige Verhalten dauert an, und manchmal gesellt sich sogar ein dritter Vogel zum balzenden Paar und bildet ein Dreieck. Erst gegen Ende Januar klingt es ab, wenn die letzten Jungen ausgewachsen sind. Sie ähneln nun stark den Eltern. Langsam wandern sie zur steilen Südküste der Insel, breiten ihre gewaltigen Flügel aus und segeln im Passat davon.

Im Februar kommen die schweren Regenfälle der warmen Jahreszeit. Jetzt fangen die Spottdrosseln und Darwinfinken wieder mit dem Nisten an. Die streitbaren Lavaechsen, recht intensiv gefärbt auf dieser Insel, fechten ihre Revierstreitigkeiten aus, während ihre größeren Verwandten, die roten Meerechsen, in besonders intensiven Farben erstrahlen. Bei ihnen kämpfen die Weibchen mit Ausdauer und Heftigkeit um die wenigen guten Plätze für die Eiablage. Nachdem die einjährigen Pflanzen Samen angesetzt haben, startet auch die Galapagos-Taube ihr Brutgeschäft unter überhängenden Felsvorsprüngen. Geschäftig eilen die kleinen Tauben im dürren Gras auf Körnersuche umher. Unten an den wilden Klippen bellen und springen die Seelöwen. Die großen Seevögel haben die Insel verlassen, aber der Strom des Lebens hört deswegen nicht auf.

Die kleine Welt von Galapagos

Lava und Leben

Eine Vielfalt von Lebensformen gedeiht in stellenweise großen Ansammlungen auf den Galapagos-Inseln. Oft werden diese Formen von den Kräften des Vulkanismus gesteuert, der immer wieder diesen Inseln neue Gestalt und neue Bedingungen gibt. Genau wie in den frühen Zeiten der Erstbesiedelung drängen diese Organismen, Pflanzen wie Tiere, an den gewaltigen Vulkankegeln hinauf in die Zonen frischer Lava, die das alte Land übergossen hat. Manchmal unterbricht nach Tausenden von Jahren ungestörter Entwicklung, in der sich die Lebewesen nach und nach auf den sich langsam zersetzenden Lavamassen einfinden und Fuß fassen konnten, ein plötzlicher Ausbruch diese Lebensgemeinschaft und zerstört sie, ohne auch nur eine Spur davon zu hinterlassen. Dann fängt der Besiedelungs- und Eroberungsprozeß von neuem an. Einfachste Lebensformen fassen Fuß, und mit der Zeit wird das Neuland zurückerobert.

Dieser Vorgang zeigt sich vielleicht am deutlichsten in der Sullivan-Bucht auf der kleinen Insel Bartolomé. Beim Aufstieg zum kaum hundert Meter hohen Gipfel erlebte ich wiederholt den Anblick einer rein mineralischen Natur, einer Welt der Geologie, in der das Leben noch eine ganz geringe Rolle spielt. Beim Sonnenaufgang nehmen die orangeroten Sandstrände aus Tuff, die runden, ausgewaschenen Schlackenkegel und der scharfkantige, monumenthafte »Pinnacle Rock« ihr erstes Bad in goldenem Licht. Weiter landeinwärts breitet sich ein dunkler Landstrich aus, auf dem die Zeit stehengeblieben zu sein scheint. Wie ein erstarrter Ozean fließt schwarze Lava, nackt und bar jeder Vegetation, um Kegel und kleine Berge aus Tuffgestein, um verfestigte Asche oder um rötliche Haufen vulkanischer Schlacken. Hier schlenderte ich immer nur ganz langsam hindurch, betrachtete unter meinen Schritten jedes Detail der »Pahoehoe« oder Stricklava, die sich wie ein Mantel vor etwa 80 Jahren über das Land gelegt hatte. Jetzt ist sie durchglüht von der Sonne und der salzige Seewind nagt an ihr. In endlosen Quirlen und Falten, Blasen und Rippen, Tropfen und Spritzern formt sie erstarrte, blauschwarz glänzende Formen. Ich überlegte mir, was wohl alles hier schon gelebt hatte, bevor das Land von der feurigen Lava bedeckt worden war.

Trockener Busch überzog wohl wie auch heute noch an den älteren Stellen die Küstenstriche. Er überlebte nur dort, wo die Lava nicht hingekommen war. Da und dort kann man noch die Abdrücke kleiner Bäume und Büsche in der Lava erkennen, die entstanden, bevor sie in der Hitze verglühten. Nicht weit entfernt lugt eine kleine Pflanze wie mit besonderer Vorsicht aus einer Spalte hervor. Ihre kupferfarbenen Blätter sind so dünn, daß sie wie verdorrt wirken. Man könnte sie für abgestorben halten, wenn nicht zwei oder drei winzige Blütensterne aus den Sproßspitzen hervorkämen. Diese Pflänzchen findet man überall auf der freien Lava verstreut. Auch einzelne zwergenhafte Brachycereus-Kakteen und wenige Flechten sind darunter. Sie erzählen hier von den Abläufen in der Geschichte der Galapagos-Inseln, vom phantastischen Kampf der Lebewesen um die Inbesitznahme des neugebildeten Landes. Kaum haben sich die Pflanzen ein Stückchen erobert, vernichtet sie schon wieder ein neuer Lavastrom und setzt einen weiteren Kreislauf von Kolonisierung und Zerstörung in Gang, wie er in zahllosen Wiederholungen seit dem Auftauchen der Inseln ablief, aber nie die Vielfalt der Organismen dabei ganz ausrotten konnte.

Im unzugänglichen, wolkenverhangenen Inneren der Insel Santiago (James) verbirgt sich ein niedriger, alter Berggipfel. Unter der Decke feuchteschwangerer Luft gedeihen im dichten Grün des Waldes große Farne und andere Nebelpflanzen. Hier leben auch noch die letzten Reste der Inselrasse der Riesenschildkröte, obwohl bereits eingeführte und verwilderte Tiere die Bergflanken in größerer Zahl durchstreifen. Sie stellen der ursprünglichen Tierwelt nach und verwüsten die Pflanzendecke. Am gegenüberliegenden Ende dieser länglichen Insel fällt das Land schnell zur James-Bucht hinab. Hier bieten die Lavahänge reiches Pflanzenleben. Hinter einem Mangrovegürtel, der den braunen Strand zum Land hin abschirmt, liegt eine ruhige Salzwasser-Lagune; die Heimat einer Schar von Flamingos. Nur rund 500 dieser eleganten Vögel bewohnen die Lagunen im Galapagos-Archipel. Wenn sich die Sonne hinter die ferne Silhouette der Vulkane von Isabela neigt, taucht sie die schlanken Formen der Flamingos in ein bezauberndes Rot, das sich im dunklen Wasser der Lagune feurig widerspiegelt.

Zwischen den silbrigen Stämmen der Palo-Santo-Bäume (Bursera) im Hinterland suchen im trockenen Grasland am Ende der kurzen Regenzeit die keinen Galapagos-Tauben nach trockenen Samen. Aus ihrem tarnfarbigen, braunen Gefieder stechen nur die roten Beine und die himmelblauen Augenringe hervor. Manchmal versucht sie einer der hier heimischen Galapagos-Bussarde im Sturzflug zu greifen, aber sie schießen in einem Blitzstart davon und entkommen in der Regel.

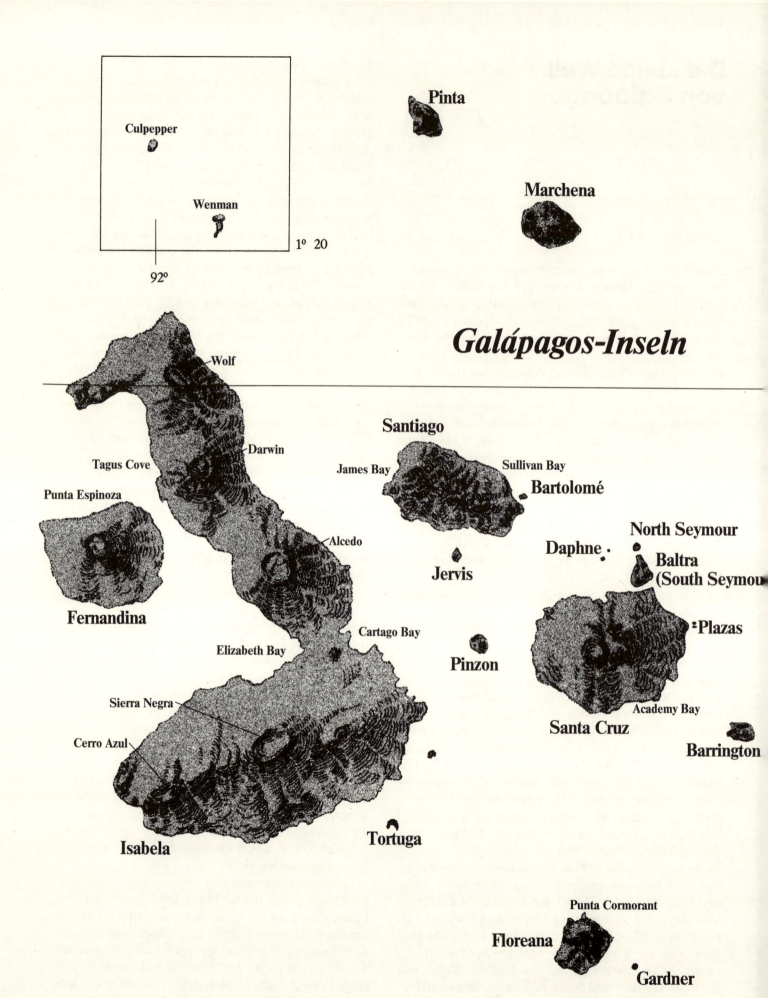

Tower

Äquator

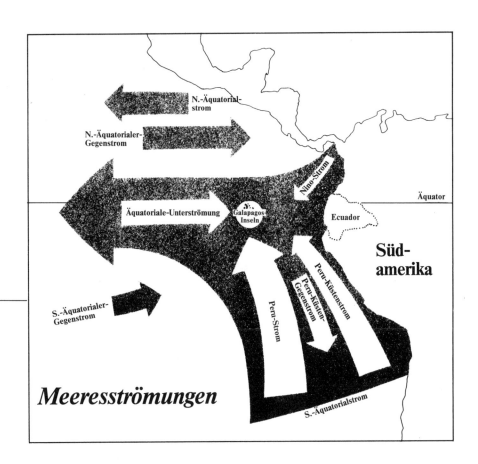

San Cristobal

Hood

Punta Suarez

Weiter unten hat das Meer ein Labyrinth von Grotten und Tunnels in die lockeren Tuffzonen der Lava genagt. Darin spielen Galapagos-Pelzrobben im türkisblauen, sehr klaren Wasser. Sie erholen sich allmählich wieder von den menschlichen Nachstellungen, die sie um die Jahrhundertwende fast an den Rand der Ausrottung gebracht hatten. Die Pelzrobben tragen ein dichtgewachsenes, dickes Fell, das sich aus einer warmen, unteren Schicht aus feiner Wolle und einer gröberen Deckschicht aus borstigen Haaren zusammensetzt. Dieser Pelz schützt sie sehr wirkungsvoll im kalten Wasser. Wenngleich das Wasser um die Galapagos-Inseln oft ziemlich kühl ist, brennt die Äquatorsonne doch so heiß herunter, daß die Pelzrobben an den Klippen der Küste nach schattigen Plätzen suchen müssen. Dort ruhen sie relativ gemütlich. Aus den Grotten nahe der James-Bucht dröhnen ihre Rufe, wenn sie sich unter den Felsüberhängen um die besten Liegeplätze streiten. Wird es um die Mittagszeit zu heiß, dann nehmen sie ein ausgiebiges Bad in den kühlen Fluten. Mit eleganten Kopfsprüngen schnellen sie sich aus ein bis zwei Metern Höhe ins Wasser hinab, tauchen eine wohlgeformte Kurve und lösen einen Strom kleiner Luftblasen aus ihrem Pelz ab. Eine silbrige Bahn ziehend kehren sie zur Oberfläche zurück, wo sie sich oft auf den Rücken legen und minutenlang treiben lassen, bis sie sich mit bemerkenswerter Leichtigkeit auf einen Vorsprung hochschnellen. Die Felsen sind steil und schlüpfrig, aber sie schaffen es, und in Kürze ist ihr Pelz wieder wie frisch gekämmt und trocken. Mit Knurren und Stößen drängeln sie sich unter Drohung mit ihren sehr scharfen Zähnen zu ihren Lieblingsplätzen in den Schatten.

Wenngleich sich die Galapagos-Pelzrobben in eine eigene Unterart weiterentwickelt haben, so blieben sie doch in erster Linie ihrer Herkunft aus den subantarktischen Regionen verhaftet. Sie leiden in der Hitze und lieben die Kühle. Man stellt sich vor, daß sie im Verlauf von Jahrtausenden allmählich die kalte Westküste Südamerikas hochgewandert sind, wo nahe Verwandte von ihnen leben, und über die kalten Wasser des Humboldt- und Südäquatorialstromes die Galapagos-Inseln erreichten. Ohne das kalte Wasser wären sie hier unter dem Äquator nicht lebensfähig.

Die sozialen Seelöwen

Einen weiteren, ganz wichtigen Teil der Lebensgemeinschaften in der kleinen Welt von Galapagos bilden die Seelöwen – freundliche und verspielte Kreaturen, die sehr nahe mit dem Kalifornischen Seelöwen verwandt sind. Sie besiedeln in lärmenden Kolonien viele Küstenstreifen auf den Inseln. Eine der eindrucksvollsten befindet sich auf den kleinen Plaza-Inseln, nicht weit von Academy Bay. Die Plazas sind schmale, längliche Inseln, die als Zwillinge von der Ostspitze von Santa Cruz ins Meer hinausragen. Es gibt keine Strände auf diesen Inseln. Die Seelöwen liegen daher zu Tausenden auf den schlüpfrigen Felsblöcken im Brandungsbereich, die sie schon ganz glatt gescheuert haben.

Ich erinnere mich gut an meinen ersten Besuch dort. Gerade zehn Jahre war ich alt geworden, als sich unser kleines Boot selbständig machte und ins klare, ruhige Wasser zwischen den beiden Inseln fortzog. Sofort erfaßte uns eine lange Dünung, die uns mit dem Wind hinaustrieb. Das einförmige Bellen der alten Bullen mischte sich beständig in das erbärmliche Geschrei, mit dem die Jungtiere und ihre Mütter Kontakt miteinander hielten. Eine Gruppe heranwachsender Seelöwen entdeckte uns, löste sich von der Küste und schwamm uns entgegen, um uns zu inspizieren. Im Küstenwasser jagten sich kleine Jungtiere in den Pfützen, die die Flut hinterlassen hatte, spielerisch um die schwarzen Felsen. Daneben dösten die Weibchen in goldgelbem Pelz in der Sonne.

Eine Seelöwen-Gesellschaft trägt in sich ein hohes Maß an sozialer Struktur. Die Weibchen wählen einen Platz am Strand, wo sie ihre Jungen zur Welt bringen. Die erwachsenen Männchen grenzen gegeneinander individuelle Territorien ab, in die sie so viele Weibchen wie möglich einzuschließen versuchen. Sie verteidigen dieses Revier mit größter Vehemenz gegen jeden eindringenden Bullen und sogar gegen Haie und Menschen. Vor ihrem Küstenstück patrouillieren sie Tag und Nacht. Nur von Zeit zu Zeit gönnen sie sich einen kurzen Ausflug zur Nahrungsaufnahme. Eindringlinge werden heftig angegriffen und sogar unter Wasser verfolgt. Manchmal entwickeln sich aus solchen Streitigkeiten wirklich blutige Kämpfe. Zumeist kann der Revierbesitzer sein Territorium aber für einige Tage bis Wochen behalten, bis er es gegen den Druck stärkerer und frischerer Männchen aufgeben muß. Der neue Herrscher übernimmt dann das Revier. Die nicht einmal einen Kilometer lange Küstenlinie von South Plaza bleibt so die meiste Zeit unter etwa einem Dutzend Bullen aufgeteilt, von denen jeder einen Abschnitt davon mitsamt den dort weilenden Weibchen beansprucht. Die Weibchen setzen zu allen Jahreszeiten ihre Jungen, doch meist entwickelt sich ein Gipfel in den kühleren Monaten des Jahres. Die Geburt verläuft sehr schnell. Unmittelbar danach beginnt das Junge nach der Mutter zu rufen und es entwickelt sich ein äußerst gefühlvoller Zusammenhalt zwischen Mutter und Kind. Sie hilft dem Jungen bei den ersten Schwimmversuchen, trägt es zum Wasser hinunter und hält es in den flachen Pfützen, in denen es noch recht unbeholfen herumpaddelt. Doch der kleine Seelöwe entwickelt sich schnell. Mit zwei Monaten hat er sein Geburtsgewicht schon verdoppelt. Dann schließt er sich anderen Jungen der gleichen Größenklasse an und tummelt sich mit ihnen in endlosen Spielen am Strand herum, während die Mutter weite Fischzüge unternimmt. Das heranwachsende Junge entwickelt einen unglaublichen Einfallsreichtum. Es knabbert an den Flossen des Revierbullens, schießt wie ein Delphin durchs Wasser, macht Luftsprünge daraus und läßt sich wellenreitend wieder zum Strand zurücktragen. Die jungen Seelöwen scheinen einen unstillbaren Drang zum Spielen zu besitzen. Sie nutzen alles, was sich irgendwie dazu eignet, sei es eine Muschelschale, ein Aststück oder eine vom Meer zurückkehrende Meerechse. Die Gegenstände werden gestoßen, versenkt, umhergeschoben, aber irgendwie nie kaputt gemacht.

Sobald ein Boot zwischen diesen Inseln ankert, erregt das die Neugier der Seelöwen ganz ungeheuer. Sie kommen herbei, ziehen an der Ankerkette, blasen Luft unter dem Kiel hervor und springen manchmal aus bloßer Neugier sogar ins Landungsboot.

Wenn das Junge etwa acht Monate alt ist, fängt es mit dem Fischfang an und kümmert sich um sich selbst. Wenn aber die Mutter ein neues Baby bekommt, kann es durchaus sein, daß das vorjährige Junge wieder angenommen wird und neben dem kleinen Bruder oder der kleinen Schwester an den Zitzen nuckeln darf.

Aber das Leben eines Seelöwen ist nicht immer einfach und glücklich. Viele Gefahren lauern in der Tiefe der pazifischen Gewässer den unerfahrenen Jungtieren auf. Hammerhaie oder Schwertwale jagen sie. Ich sah schrecklich verletzte Tiere, die sich mit letzter Kraft an Land gerettet hatten und hier starben. Starker Fliegenbefall kann die kleinsten Wunden infizieren und große Ausfälle unter den Jungen verursachen. Auch Krankheiten raffen einen guten Teil von ihnen hinweg. Augenentzündungen lassen sie erblinden, und eine Pockenerkrankung paralysiert und tötet sie.

Gelbbraune Landleguane streifen ebenfalls über die Plaza-Inseln. Sie wandern zwischen den zartgelben Blüten des Portulaks, die sich am Nachmittag während der kurzen Regenschauer öffnen, und den Stämmen der Opuntien umher, suchen nach Blüten, Kaktusfrüchten und jungen Trieben in dieser Trockenvegetation.

Finken flattern von Kaktusblüte zu Kaktusblüte und holen süßen Nektar oder noch nicht ausgereifte Samen daraus hervor. Der feuchte Seewind hebt sich über die steil abfallende Südklippe und trägt Audubon-Sturmtaucher in langen Kreisen zu ihren tiefen Bruthöhlen in der rauhen Lavawand, wo auf schmalen Simsen die Gabelschwanzmöwen den Tag verdösen.

Der Galapagos-Bussard

Zutrauen und Neugier gegenüber den Menschen zeichnen viele Tiere der Galapagos-Inseln aus. Niemand kam bis vor relativ kurzer Zeit auf diese Eilande. Die Wildtiere waren daher nicht dem langen Lernprozeß unterworfen, den menschliche Nachstellungen und Vernichtung fast überall sonst auf der Welt nach sich zogen. Zudem gab es keine Landraubtiere auf diesen Inseln. Da die Tiere dort keinem Druck zur Selbstverteidigung oder Flucht ausgesetzt waren, konnte sich ihre Neugier ungebremst erhalten oder sogar gefördert werden. Sie offenbart sich am auffälligsten bei den Seelöwen, aber vielleicht noch überraschender beim einzigen Greifvogel, den es auf Galapagos gibt, dem Galapagos-Bussard.

Als ich noch ein Kind war, trafen wir diese Bussarde oft bei unseren Fahrten zu den anderen Inseln an den Stränden, wo wir an Land gingen. Oder, besser gesagt, die Bussarde trafen uns. Meist waren es die braunfleckigen Jungvögel, die uns in unstillbarer Neugier fast auf Schritt und Tritt folgten. Die viel dunkleren, fast schwarzen Altvögel bekamen wir weniger zu Gesicht. Vielleicht hatten sie ihre Neugier am Menschen schon während ihrer Jugendzeit gestillt. Von den Jungen sammelten sich manchmal dreißig oder vierzig Stück um unser Lager an. Kopfnickend schienen sie ihr Erstaunen zum Ausdruck zu bringen. Größere Gruppen folgten uns auch auf den Fußwanderungen. Erlaubte es der Wind, dann segelten sie manchmal nur einen Meter über unseren Köpfen mit.

Auf einer solchen Wanderung waren wir einmal von einer so neugierigen Gruppe von Bussarden umgeben, daß ich nicht widerstehen konnte, meine Hand ausstreckte und einem von ihnen über die scharfen, glänzenden Krallen strich. Er nahm diese Geste mit größerer Neugier als mit Furcht hin.

Unglücklicherweise kam ihnen ihre Vertrautheit nicht immer zugute. Sie wurden auf jenen Inseln stark dezimiert, die von Menschen besiedelt worden waren, weil sie Hühnchen schlugen. Man konnte sie wegen ihrer Zahmheit leicht töten.

Obwohl es die Bussarde überall auf den Inseln gibt, nisten sie gewöhnlich im trockenen Küstenbereich. Jedes Paar besetzt ein Territorium das ganze Jahr über. Dort baut es zwei bis drei Horste auf Felsspitzen oder auf Bäumen. Diese Nester benutzen sie als Wechselhorste von Jahr zu Jahr. Mit jeder Brut häufen sie mehr Nistmaterial darauf an. Wenn sie Eier oder Junge in den Horsten haben, verwandeln sich diese sonst so sanften Greifvögel in wahre Furien. Sie rufen laut, drohen den Eindringlingen und stoßen auf sie. Sie können dann ganz empfindlich zuschlagen. Der Höhepunkt der Brutzeit liegt meist zwischen August und Oktober, aber auch im Juli gibt es schon regelmäßig Bruten. Das

Abwehrverhalten war ein weiterer Grund für manche Leute, diese Greifvögel zu bekämpfen, weil sie es nicht dulden wollten, daß sich ihnen ein freilebendes Tier entgegenstellt.

Beim Galapagos-Bussard findet man mitunter das seltene Phänomen der Polyandrie, das heißt, daß zwei oder sogar drei Männchen mit einem Weibchen verpaart sind. Sie verteidigen gemeinsam das Revier und sorgen für die Nachkommen. Mehrere Jahre lang können solche Gruppen zusammenhalten. Diese Bussarde gibt es nur auf den Galapagos-Inseln. Hier entwickelten sie sich ganz eigenständig und unterscheiden sich nun von jedem anderen Greifvogel der Welt. Sie sind den trockenen Landschaften der Inseln gut angepaßt und ernähren sich von allen möglichen Tieren, vor allem von Heuschrecken, Raupen und Kleinvögeln, Hundertfüßlern, Meerechsen, Lavaechsen und sogar von den Nachgeburten der Seelöwen oder von Aas. Wegen dieser Breite im Nahrungsspektrum kommen diese Bussarde in allen Lebensräumen der Galapagos-Inseln vor. Im feuchten, grünen Dickicht des Alcedo-Kraters auf Isabela beobachtete ich, wie sie die langsam grasenden Riesenschildkröten als mobile Aussichtswarten benutzten. Am steilen Kraterrand von Fernandina folgten sie mir stundenlang, segelten neugierig über mir und spielten akrobatisch im Wind. Selbst auf den zerrissenen Küstenklippen von Fernandina, wo man kaum noch ein Kraut findet, schienen sie allgegenwärtig. Hier leben sie vornehmlich von Meerechsen. Es sieht merkwürdig aus, wenn man diesen Greifvogel mitten unter den arglosen Echsen sitzen sieht, die einfach in ihrer großen Zahl Schutz zu finden scheinen. Lange schaut ihnen der Bussard zu, dann hat er sein Beutetier gewählt, und plötzlich schlägt er zu. Wenn sich das Reptil nicht unter einem Felsblock in Sicherheit bringen kann, wird es eine leichte Beute, wenngleich es meist zu schwer ist, um als Ganzes weggetragen zu werden. Der Bussard verzehrt dann an Ort und Stelle so viel von der Beute, bis er damit auffliegen kann. Auf Kap Douglas fand ich eine Felsnase, die den Bussarden des örtlichen Paares als Freßplatz diente. Die fein säuberlich abgenagten Überreste bewiesen, daß diese Vögel tatsächlich weitgehend von den Meerechsen auf Fernandina abhängig sind.

Die kleinen Lavaechsen gibt es überall häufig auf Galapagos. Doch sie variieren sehr von Insel zu Insel. Die Unterschiede liegen in Aussehen, Größe und Färbung. Sieben Arten bewohnen den Archipel; eine davon ist überall auf den zentralen Inseln verbreitet. Die anderen haben sich in der Isolation ihrer Inseln selbständig weiterentwickelt. Einige, wie die Lavaechsen von Pinzon, tragen ausgedehnte rostrote und orangefarbene Flecken an ihren schlanken Körpern, während andere praktisch ganz schwarz sind. Die Form der Insel Hood übertrifft die anderen um fast das Doppelte an Körpergröße. Allen gemeinsam ist aber das Territorialverhalten. Fast jeder Quadratmeter passenden Lebensraumes wird auf nahezu allen Inseln von einem höchst kampfbereiten, kleinen Besitzer bewohnt. Nur im feuchten Hochland und auf den ganz vegetationslosen, sonnendurchglühten Lavafeldern fehlen sie. Sonst gedeiht diese kleine Reptiliengesellschaft überall bestens. Sie siedelt mitten in den Seevogelkolonien, und man kann sie sogar dabei beobachten, wie sie schlafenden Seelöwen über die Bäuche laufen. Selbst die Köpfe der Meerechsen müssen manchmal als Ausguck herhalten, von dem aus die Lavaechsen Jagd auf Fliegen machen. Entlang der Küste nehmen sie wegen des knappen Angebotes nicht nur Fliegen, sondern auch kleine Krabben oder andere winzige Wirbellose im Gezeitenbereich. Zur Zeit der Regenfälle ergänzen sie ihre Diät mit Blütenblättern oder ganzen Blüten, wenn diese klein genug sind. Bei Gelegenheit erbeuten sie auch Skorpione, saftige Schaben oder Hundertfüßler, die fast halb so groß werden wie sie selbst.

Um Lebensraum müssen sie dauernd und hart kämpfen. Männchen wie Weibchen haben Eindringlinge abzuwehren. Die Kämpfe sind ritualisiert, aber trotzdem sehr wirkungsvoll. Die beiden Kontrahenten richten sich Kopf gegen Schwanz nebeneinander auf, blähen die gefärbte Kehle und drohen unter heftigem Kopfnicken. Vorsichtig rücken sie einander näher und peitschen sich dann gegenseitig mit den langen Schwänzen. Wenn dieser rituelle Teil des Kampfes keinen klaren Ausgang bringt, versuchen sie sich heftig zu beißen. Manchmal wird dabei sogar der Schwanz abgebissen. Das fehlende Stück wächst dann mit der Zeit wieder nach. Es enthält zwar nur noch Knorpel und keine festen Knochen mehr, aber seine Zwecke scheint es zu erfüllen. Die frisch geschlüpften, winzig kleinen Jungtiere leben ein recht gefährliches Leben. Sie besitzen kein Territorium und müssen ständig auf der Hut sein, daß sie nicht von den viel größeren Männchen gefressen werden. Dieser Kannibalismus mag zur Erhaltung des Gleichgewichtes in den Beständen dienlich sein, wenn der Schlüpferfolg sehr gut ausfällt. Spinnen und Hundertfüßler, die von den ausgewachsenen Lavaechsen gejagt werden, erbeuten sicher eine Reihe von den kleinen Jungen. Weitere Gefahr kommt von den Lavareihern und den Spottdrosseln, die solche Beute ebenfalls zu schätzen wissen.

Der Tod eines Sturmtauchers

Der Überlebenswille

Als ich das erste Mal die Insel Tower besuchte, wanderte ich nach der ersten Begeisterung über die Entdeckung der nistenden Fregattvögel und Rotfußtölpel ein Stück landeinwärts und dann die Küste entlang. Unter den zwergenhaften, noch unbelaubten, silbrig-glänzenden Stämmen der Bursera-Bäume fand ich noch viel mehr Fregattvögel und Tölpel. Alle waren sehr mit der Sorge um ihren Nachwuchs beschäftigt. Später saß ich ganz alleine auf einer niedrigen Klippe. Wellen kamen herein und liefen wieder zurück. Der Wind wehte warm und feucht vom Wasser her. Wo die Strömung eine Schwenkung um einen Felsen machte und einen Moment den Lauf der Wellen blockierte, sah ich etwas Kleines, Schwarzes über die Kämme treiben. Es war ein Sturmtaucher, der mit vollgesogenem Gefieder hilflos im Strömungswirbel trieb. Sein Gefieder mußte die wasserabweisende Schutzschicht irgendwie verloren haben. Nun war er naß bis auf die Haut und unfähig zu fliegen. Einige braune Fische kamen aus der Tiefe empor und inspizierten ihn. Langsam zog eine Gruppe großer Haie an der Küste entlang. Abgekühlt und halb versunken war er dem Untergang geweiht, doch er schüttelte das Wasser von seinem Kopf, als ob er nochmals den vergeblichen Start probieren wollte.

Mein menschliches Mitgefühl regte sich. Ich wollte ihn retten, hinausschwimmen, um ihn hereinzuholen, ihn wärmen und trocknen. Die Haie kehrten zurück und schwammen gemächlich vor der Küstenlinie umher. Sie erinnerten mich daran, daß auch ich überleben wollte. Ich verglich meine Lage mit der des ertrinkenden Vogels. Er war ein warmblütiges Wirbeltier; eines von vielen in der Welt, von denen nur die fähigsten und tüchtigsten überleben konnten. Bindenfregattvögel flogen vorüber und suchten nach Nahrung. Einige flügge Rotfußtölpel probierten zögernd das Stoßtauchen nach für mich unsichtbaren Fischen. Alle lebten auf ihre Weise dieses Leben und versuchten es zu erhalten und das Beste daraus zu machen.

Als ich zum Strand zurückkehrte, an dem wir gelandet waren, verstand ich irgendwie den Tod dieses Sturmtauchers. Ich hatte begriffen, worum es ging, und daß der Tod seinen Platz in der Harmonie der Welt hatte. Das wollte ich akzeptieren.

Am Eingang zur Bucht flogen Tropikvögel vorüber. Sie kreisten und stießen ihre kräftigen Rufe aus, wenn sie die Balzflüge begannen. Die Luft war erfüllt von ihrer Energie. Sie waren allgegenwärtig: überm Wasser vor den Klippen und in der Luft. In den Büschen hinter dem Strand saßen die weißköpfigen, jungen Fregattvögel. Sie hatten schon fast die Größe der Eltern erreicht. Wie auf einen plötzlichen Entschluß hin streckten einige von ihnen ihre langen Flügel aus und hoben sich ein Stück in die Luft. Einige kreisten sogar ein wenig und kehrten dann wieder zum Nest zurück. Andere wagten sich schon weiter hinaus und versuchten, erste Nahrung vom Wasser aufzunehmen. Aber meist erwischten sie nur einen Zweig, der dahintrieb. Gelegentlich hetzten alle hinter einem Tölpel oder Tropikvogel her, um ihm seine Beute abzujagen, jedoch ohne Erfolg.

Später am Nachmittag, als die Luft kühler wurde, saßen dann alle Jungvögel wieder auf ihren Plätzen. Dort hatten sich die Nester befunden, aber sie waren längst zerfallen. Sie beobachteten den Himmel und warteten begierig auf die Rückkehr der Eltern und das Futter, das sie mitbringen würden. Viele waren bereits ein Jahr alt, hatten aber die Hilfe der Eltern nötig, weil ihre eigenen Fertigkeiten noch nicht gut genug trainiert waren. Bald würden sie aber von den Eltern verlassen werden. Einige werden fähig sein zu überleben, aber andere werden vergeblich nach Nahrung suchen. Nach einigen Wochen werden sie so schwach sein, daß sie nicht mehr fliegen können und zu ihrem alten Nest zurückkehren, wo sie in aller Stille vor Hunger sterben.

Im nächsten Jahr werden dann die Altvögel erneut brüten und Nachwuchs großziehen. Auch von diesem werden nur wenige überleben können, für die andere ihrer Art das Leben lassen, weil selbst im weiten Ozean nicht mehr durchkommen können, als dafür Nahrung und Lebensraum vorhanden ist. Zum Wesen des Lebens gehört der Tod. Er kann genauso vom Feind wie vom eigenen Artgenossen kommen. Doch diese nie endenden Kreisläufe von Leben und Tod halten das Leben aufrecht und passen die Art an ihre Umwelt an.

Fressen und gefressen werden

Ein andermal sah ich auf einer anderen Insel einer Heuschrecke zu, wie sie an den zarten Knospen einer Salzpflanze nagte. Während sie den nahrhaften Stengel verzehrte, konnte ich ihre brillanten Farben, die das Sonnenlicht reflektierten, bewundern. Hier an diesem Strand hatte sie ihr Leben in einem Grasbüschel als großköpfiges Wesen in den ersten Entwicklungsstadien begonnen. Wenn sie jetzt ihre großen Flügel plötzlich entfaltet hätte, würde ich die feinen Adergeflechte in ihren durchsichtigen Flugmembranen golden aufleuchten sehen. Sie gehen wie Fächer auf, aber sie tat es nicht, sondern blieb unbewegt und kaute weiter an ihrem saftigen Stengel. Da erfaßten meine Augenwinkel eine Bewegung. Ein Männchen der Lavaechse schlich sich heran. Vorsichtig, aber gezielt hüpfte es von Lavablock zu Lavablock, bis es nahe genug war. Eine letzte Bewegung, ein Aufrichten des Kopfes, und schon war es passiert: Kräftige Reptilienkiefer hielten die Heuschrecke fest, bissen die Flügel ab und in wenigen Minuten war sie verschlungen. Außer den Bißstellen am Stengel der Pflanze blieben keine Spuren von der Heuschrecke mehr übrig. Die gesättigte Eidechse flachte ihren Körper ab, schmiegte sich an den warmen Stein und begann zu dösen. Ihre kleinen, einander überdachenden Schuppen liefen in einem perfekten Kiel den ganzen Rücken entlang. Jedes winzige Dreieck darin trug eine andere Farbe. Die einen waren leuchtend rot, die anderen gelb, hellgrün, schwarz oder weiß. Aber aus einiger Entfernung wirkte die Lavaechse fast einfarbig grau. Vermutlich würde sie nun einige Tage lang nichts mehr zu fressen brauchen. Obgleich kaum eine Handspanne lang, war sie doch ein kleiner Räuber. Doch auch sie war nicht sicher.

Im trockenen Gras bewegte sich ein anderes Reptil. Langsam, ganz ruhig und mit eingehender Untersuchung der Umgebung kam es näher. Eine knapp meterlange Schlange glitt höchst behutsam über die dürren Blätter am Boden. Plötzlich bemerkte sie die Lavaechse auf dem Stein. Sie erstarrte. Nur die Spitze des Schwanzes zitterte leicht. Die Echse wurde neugierig und kam näher. Vielleicht mißdeutete sie die Bewegung und meinte ein anderes Insekt unter dem dürren Laub gefunden zu haben. Der Stoß der Schlange traf sie völlig überraschend. Nachdem sie einige Körperwindungen um ihr Opfer gelegt hatte, fing die Schlange an, die Lavaechse mit dem Kopf voran zu verschlingen. Der Todeskampf war schnell vorüber. In wenigen Minuten war die Echse verschwunden. Nur eine Schwellung am Bauch der Schlange zeugte noch eine Weile von ihrer Existenz.

Dies trug sich an einem ruhigen und heißen Nachmittag zu. Die Lavaechse war zwar eine andere und die Insel auch nicht die gleiche, aber dennoch stellten diese Ereignisse echte Ausschnitte aus dem Fluß des Lebens dar. Für mich ging es von einem Organismus zum anderen über. Wie der Sturmtaucher waren die Heuschrecke und die Lavaechse für andere gestorben. So hielten sie den endlosen Strom des Lebens aufrecht.

Wiedergutmachung

Es dauerte ungezählte Jahre, bis die Lebewesen auf den Galapagos-Inseln ihrer Heimat so gut angepaßt waren, daß sie erfolgreich überleben konnten. Dann kam der Mensch und brachte das Elend unter diese sanftmütigen Organismen. Die Schildkröten und die Pelzrobbenbestände wurden drastisch vermindert. Und viele andere Arten litten ebenfalls, wenn auch nicht so offensichtlich. Mäuse, Ratten, Katzen, Hunde, Schweine, Ziegen, Esel, Pferde und Rinder wurden von den Seefahrern an Land gebracht. Zusammen mit vielen Wirbellosen, wie Feuerameisen und Regenwürmern, oder fremden Pflanzen drangen sie in die Lebensräume der Inseln ein und brachten sie streckenweise gründlich durcheinander.

Nur schwer können wir uns heute vorstellen, wie es auf Galapagos vor Ankunft der Menschen ausgesehen haben mag. Wenn es auch heute immer noch einen großen Reichtum an Tieren und wenig beeinflußter Natur hier gibt, so fanden doch zahlreiche mehr oder weniger drastische Veränderungen statt, die nur ganz wenige Plätze wirklich im Urzustand verbleiben ließen.

Es mögen an die 75 000 Riesenschildkröten gewesen sein, die einmal gleichzeitig auf den Inseln lebten. Heute sind es höchstens noch 10 000. Von den vierzehn Inselrassen, die von den Wissenschaftlern beschrieben worden sind, leben nur noch zehn in einigermaßen guten Beständen. Viele davon werden durch die eingeführten Säugetiere bedroht.

Um die Mitte des 20. Jahrhunderts erwachte das Verantwortungsbewußtsein für diese einzigartigen Inseln und ihre Bewohner unter Wissenschaftlern und Naturschützern. Im Jahre 1959 wurde die Charles Darwin Foundation als internationale Stiftung gegründet, mit dem Ziel, den Schutz der Inseln zu bewerkstelligen und zu koordinieren. Es war gerade der 100. Jahrestag der Veröffentlichung von Darwins Evolutionstheorie, und die Regierung von Ecuador erklärte alle unbewohnten Gebiete auf den Inseln (rund 88% der Landfläche) zum Nationalpark, dem ersten von Ecuador. Zu dieser Zeit hatte das Töten der wildlebenden Tiere aufgehört oder war für das Leben der Inselbewohner bedeutungslos geworden. Aber die verwilderten Haustiere, die von den frühen Seefahrern auf fast alle Inseln gebracht worden waren, stellten ein viel größeres Problem dar. In vielen Gebieten hatten die Ziegen, Esel, Pferde oder Rinder die Vegetation schwer geschädigt und die Gelege der Riesenschildkröten zertrampelt. Auf manchen Inseln gab es auch verwilderte Hunde und Schweine. Auf fast allen lebten Katzen. Diese Raubtiere vernichteten einige der Schildkrötenbestände. Auch die Landleguane wurden auf manchen Inseln ausgerottet. Die Hawaii-Sturmtaucher in den feuchten Wäldern litten ebenfalls sehr. Die eingeschleppten Ratten verursachten gewaltige Schäden. Sie fraßen Eier und Junge der Schildkröten und anderer wehrloser Tiere. Die Ausrottung der Reisratte auf den meisten Inseln geht auf ihr Konto. Diese Reisratte war neben den Fledermäusen das einzige ursprünglich heimische Landsäugetier.

In den frühen 60er Jahren begann man, diese vom Menschen bewirkten Veränderungen abzubremsen oder womöglich rückgängig zu machen. Von der UNESCO finanziert, wurde die Charles-Darwin-Forschungsstation in der Academy Bay gegründet. Sie sollte die Prioritäten festlegen und mit der Naturschutzarbeit beginnen. In den Folgejahren wurde eine Nationalparkverwaltung aufgebaut, die sehr aktiv die vielen Aspekte der Naturschutzproblematik auf Galapagos anpackte. Beide Institutionen zusammen haben eine Reihe wichtiger Zielsetzungen erstellt. Parkwächter gingen mit Erfolg daran, auf einer Reihe mittelgroßer Inseln die verwilderten Ziegen auszurotten, und sind nahe daran, dies auch auf größeren Inseln zu schaffen. Die Nationalparkverwaltung hat viele Langzeitprojekte gestartet, darunter die Kontrolle der Bestände der Riesenschildkröten auf allen Inseln, die Regulierung des Tourismus und die Ausrottung verschiedener eingeschleppter Pflanzen und Tiere. In Zusammenarbeit mit der Darwin-Station werden die gefährdetsten Rassen der Riesenschildkröten und des Landleguans in Gefangenschaft gezüchtet, um die Heimatinseln wieder damit bestücken zu können.

Auf der Insel Hood lebte die am meisten abweichende Inselrasse der Sattelrücken-Schildkröten. Als die Nachzuchtprogramme begannen, gab es allerdings nur noch fünfzehn Stück, darunter drei Männchen. Man fing sie alle ein und brachte sie in großzügige Gehege, wo sie sich fortpflanzen sollten. Auf ihrer Heimatinsel waren sie bereits so zerstreut, daß sie sich kaum mehr zur Paarung finden konnten. Gleichzeitig verminderte man die große Zahl der Ziegen auf Hood. Bis jetzt konnten mehrere Dutzend junger, in Obhut der Darwin-Station aufgewachsener Schildkröten in die Freiheit zurückgebracht werden.

Das ist eine besonders erfolgreiche Episode im Kampf um die Erhaltung der Riesenschildkröten, aber dafür gab es auf einer anderen Insel eine viel traurigere Entwicklung. Auf Pinzon fraßen Wanderratten die frisch geschlüpften Jungtiere Jahr für Jahr. Bis zu einer Größe aufgezogen, die sie vor den Ratten schützt, gelang es einer ganzen Reihe von Schildkröten, dort wieder Fuß zu fassen. Aber sie können sich selbst nicht fortpflanzen, weil es zu viele Ratten gibt. Man sieht bislang keine Möglichkeit, die Insel rattenfrei zu machen. Von der Insel Pinta konnte überhaupt nur ein Männchen zu den Zuchtstationen gebracht werden. Trotz intensivster Suche fand man keine Weibchen. So wird es das unweigerlich letzte seiner Rasse sein!

Die Erhaltung und Wiederherstellung der Natur von Galapagos wird noch für viele Jahre eine große Aufgabe bleiben. Man kann nur hoffen, daß sich nicht zu viele Probleme als unlösbar erweisen werden. Leider ist Ecuador auch kein »reiches« Land. Es kann nur in sehr begrenztem Umfang finanzielle Unterstützung aufbringen, um seinen Insel-Nationalpark zu erhalten. Die notwendige Arbeit verschlingt gewaltige Summen von Geld, Zeit und Arbeitskraft. Jahrelang arbeitete die Darwin-Station praktisch nur mit den Spenden, die von überall her kamen. Doch diese privaten Spenden reichen nicht aus. Viele wichtige und dringende Arbeiten müssen liegenbleiben.

Vielleicht kommen die Anstrengungen, die Wunden, die der Mensch geschlagen hat, wiedergutzumachen, bereits zu spät. Das gilt für die Insel Floreana, wo man ihre sanften Riesenschildkröten nie mehr sehen können wird. Aber alle am Erhaltungswerk der Galapagos-Inseln Beteiligten glauben ganz fest daran, daß es sich lohnt, weiterzumachen und das feine Gleichgewicht auf den Inseln wiederherzustellen, das diesen Fleck der Welt so besonders faszinierend machte.

Ein verlorener Traum

Galapagos wird für mich immer gleichbedeutend sein mit großer Freiheit, mit völliger Wildnis, in der Tiere und Pflanzen, Berge und Meer, unbeeinflußt von menschlichem Fortschritt und »Modernisierung«, existieren. Doch in den letzten zwei oder drei Jahren wurde mir klar, daß diese Vorstellung der Vergangenheit angehört.

Um mit dem stetig zunehmenden Strom von Touristen zurechtzukommen, mußte die Nationalparkverwaltung für Galapagos ein System von markierten Pfaden errichten, an das sich die Besucher zum Schutze der empfindlichen Natur zu halten haben. Viele Strände, auf denen bisher höchstens Pelikane ihre Fährten setzten und Seelöwen ihre Spuren zogen, sind jetzt zu Landeplätzen für die Touristenboote geworden. Der Boom, den die Scharen von Besuchern ausgelöst haben, nahm manchem unserer Nachbarn die beschauliche Ruhe und ließ aggressive Geschäftsleute aus ihnen werden. Eifersüchteleien und Intrigen hielten Einzug auf den Inseln. Eine vierzig Kilometer lange Straße wurde quer über Santa Cruz für die dreißig oder vierzig Autos der Insel gebaut. Die Kraftfahrzeuge ersetzen die traditionellen Fortbewegungsmittel Pferd, Maultier und Esel. Es gab bereits die ersten schweren Verkehrsunfälle! Noch vor wenigen Jahren war es selbstverständlich, daß man zum Einkaufen über die Bucht ruderte. Jetzt besitzt meine Familie als einzige keinen kraftstrotzenden Außenbordmotor.

Offenbar hängen wir wenigen, die keinen Wechsel, keine »Entwicklung« wollen, einer vorübergegangenen Ära nach. Es war eine Zeit, in der die riesigen Baumopuntien noch im Dorf wachsen durften und die Felsen bei Ebbe mit Austern überzogen waren, weil sie von den Benzinrückständen noch nicht umgebracht worden waren.

Unser unmittelbarer Nachbar, ein Deutscher, erbaute ein Hotel an jenem Strand, an dem wir als Kinder schwammen und spielten. Die Lagune davor, in der wir den Winkerkrabben und den Seevögeln zuschauten, wurde abgedämmt und mit einer elektrischen Pumpe versehen, weil der Besitzer glaubt, daß sie attraktiver für die Gäste ist, wenn sie immer mit Wasser gefüllt bleibt. Die Gezeiten können sich jetzt nur noch unter der »Aufsicht« der Hotelangestellten entfalten. Jeden Morgen klettert eine Touristengruppe in ein Boot, um eine nahe gelegene Insel zu besuchen. Da aber selbst die nächst gelegenen mehrere Fahrtstunden kosten, kommen die Besucher nur während der Mittagsstunden an Land. Es entgehen ihnen die Schönheiten des Sonnenaufganges, wenn frühmorgens die Blaufußtölpel besonders intensiv balzen, oder das spätnachmittägliche Treiben in den Seelöwenkolonien.

Oft führte und begleitete ich kleine Gruppen von sechs bis zehn Personen auf Charter-Kreuzfahrten mit Motorseglern. Meist dauerten die Ausflüge zwei bis drei Wochen. Ganz gemütlich segelten wir von Insel zu Insel und besuchten viel schönere Plätze als die schnellen drei- bis viertägigen Touren, die von den Hotels angeboten werden. In der Enge der Segelschiffe bildeten wir eine Gemeinschaft. Es machte mir stets große Freude, meine Erfahrungen und Erlebnisse mit diesen begeisterten Leuten austauschen zu können. Heute geht der Trend jedoch zu großen Gruppen von sechzig und mehr Personen, die sich nur kurz auf den Inseln aufhalten. Mancher dieser Besucher kommt, schlecht vorbereitet, mit ganz falschen Vorstellungen. Einige erwarteten hier sogar Gorillas und Elefanten!

Die zunehmende Menge von Touristen – allein 1978 waren es vierzehntausend! – zwang die Verwaltung des Nationalparks Galapagos, sehr strenge Regeln für den Besuch aufzustellen, um Schäden an Tierwelt und Pflanzenkleid der Inseln zu vermeiden. Ich sehne mich oft zurück nach jener Zeit, in der Galapagos so unbekannt war, daß es keiner Regulation der Besucher bedurfte. Trotzdem halte ich es andererseits auch für recht erfreulich, zu wissen, daß für die Erhaltung der phantastischen Natur dieser Inseln, der Sicherung ihrer unschätzbaren ästhetischen und wissenschaftlichen Werte, das Nötige getan wird. Der Galapagos-Nationalpark zählt zu den strengsten Einrichtungen dieser Art in ganz Südamerika. Die Anstrengungen der Verwaltung schalteten einige der schwerwiegendsten negativen Einflüsse des Menschen aus. Verschiedene Inseln befinden sich nun in einem Zustand wie vor über hundert Jahren. Der Touristenstrom wird auch kommerzielle Großfischerei und andere verheerende Ausbeutungsformen der Natur von den Inseln fernhalten. Aber ich bin trotzdem ein wenig traurig darüber, daß die ursprüngliche Freiheit, die diese Inseln so sehr auszeichnete, über dieser Entwicklung verlorenging, obwohl ich mich freue, daß sie heute endlich die gebührende Achtung und Wertschätzung gefunden haben.

Letzter Kampf

In meiner Kindheit jagten wir manchmal Meeresschildkröten in der mangroveumsäumten Bucht, nicht weit von unserem Haus. Die Tiere kamen in die stille Bucht in den Nächten der warmen Jahreszeit. Gelegentlich beschlossen wir, eine von ihnen zur Aufbesserung unserer Speisen aus Wildziegenfleisch, Hummer und Fisch zu fangen. In der Abenddämmerung glitten wir mit unserem Ruderboot lautlos bei Flut durch das Stillwasser der Bucht und warteten gespannt. Während ich vorsichtig ruderte, stand mein Vater im Bug und beobachtete die nur noch schwach erhellte Wasseroberfläche. Er hielt einen langen Bambusstab mit einem kräftigen Haken daran, mit dem man sonst Haie angelte. Im tiefen Schatten vor dem Saum der Mangrove konnten wir das dumpfe Atmen der Schildkröten sofort hören. Dann drehte ich das Boot und ruderte unter größter Vorsicht dorthin. Mein Vater wandte sich nun mit ausgestreckter Stange nach vorn, und wenn er Glück hatte, bekam er die enteilende Schildkröte am Boden noch zu fassen. Darauf folgte ein gewaltiges Plantschen, während wir das Tier heranzogen, und wir mußten aufpassen, daß das kleine Boot nicht kenterte. Die Schildkröte stieß immer wieder heftig atmend nach oben und versuchte verzweifelt, zu entkommen. Aber wir packten sie bei den Schwimmbeinen und hievten sie ins Boot, wo wir sie auf dem Holzboden auf den Rücken drehten. Nach so einem glücklichen Fang gab es wieder tagelang köstliches Fleisch.

Zehn oder fünfzehn Jahre ist dies her. Damals fing sich noch jeder in der Academy Bay von Zeit zu Zeit eine Suppenschildkröte. Wir wußten nicht viel über Naturschutz und schon gar nichts davon, daß die Meeresschildkröten weltweit sehr stark zurückgingen, weil sie vom Menschen im Übermaß gefangen wurden. Viel wichtiger noch: wir betrachteten diese Schildkröten gar nicht als Individuen mit einem Eigenleben und mit eigenen Problemen. Wir verhielten uns wie Raubtiere und sie waren unsere Beute.

Dann stellten sich Änderungen ein. Die Schildkröten kamen immer spärlicher zu den Mangroveufern, und Rindfleisch wurde verfügbar. Nun aßen wir mehrere Jahre lang überhaupt keine Schildkröten mehr. Eines Abends, es mag wohl an die fünf Jahre her sein, beobachteten wir das blau phosphoreszierende Licht, das sich wie im Spiel um die verschlungenen Luftwurzeln der Mangrove wand. Viele Schildkröten schwammen darin umher und zogen Leuchtkreise um ihre Körper. Da erfaßte uns ein plötzlicher Drang, hinauszufahren und wieder eine zu fangen, wie wir es früher taten. Erneut lauschte ich im lautlosen Ruderboot nach dem Atem in der Finsternis, und wiederum stand mein Vater mit der Fangstange im Bug. Doch diesmal vernahm ich nicht das Luftholen eines Beutetieres, das wir nur zu fangen brauchten. Nein, es war der Atem eines Geschöpfes, das Äonen überlebt hatte. Als der scharfe Haken die ledrige Haut am Ansatz der Schwimmbeine faßte und das Tier zappelte und um sich schlug, als wir es ins Boot hoben, war ich nicht länger der unbeteiligte Zuschauer bei einem erfolgreichen Fang. Ich fühlte, wie das unschuldige Leben in die Fänge einer tödlichen Macht gekommen war. Die Schildkröte machte einen letzten, verzweifelten Versuch freizukommen. Aber wir behielten die Oberhand. Mir tat das Herz weh. Ohne wirklichen Bedarf an Fleisch und ohne Zwang frönten wir dieser makabren Tätigkeit! Am nächsten Tag schmeckte mir das Fleisch nicht mehr und ich schwor, mein Leben lang nie mehr eine Meeresschildkröte zu töten. In den Jahren, die vergangen waren, hatte ich einiges hinzugelernt. Ich begriff jetzt, daß es für diese freilebende Seeschildkröte keinen anderen Platz zum Leben gab. Sie braucht die dunklen, wogenden Wiesen von Seegras, die von den mächtigen Strömen des Ozeans mit Nährstoffen versorgt werden; sie gehörte hierher an diesen Strand, an ein Ufer, das nicht von Fußabdrücken des Menschen überzogen ist. Hier muß sie im Sand ihre Eier begraben, um das Erbe ihrer Art fortzutragen in die kommenden Generationen. Selbst wenn sie durch ein ungünstiges Schicksal zwischen die Zähne eines Schwertwales geraten sollte, gehörte sie mehr dorthin als in den bodenlosen Wunschkorb eines Menschen, der die Grenzen der Ausbeutung der Natur nicht kennt oder erkennen will.

Ich verdanke es meinem Leben auf Galapagos, daß ich eine besondere Perspektive vom Leben und von der Natur in mir aufnehmen konnte; eine Betrachtungsweise, von der die allermeisten Mitglieder meiner Rasse kaum jemals ein Fünkchen mitbekommen. Ich habe die verborgene Bedeutung der zielstrebigen Wanderungen der Riesenschildkröten, die Territorialität der Lavaechsenmännchen oder die Gier eines Fregattvogels kennengelernt, der mit ungestümer Wildheit die Tölpel terrorisiert. Die Schildkröte folgt keineswegs stupide einem nur scheinbar ziellosen Pfad. Nein, sie ist auf dem Weg, um passende Stellen zur Eiablage auszumachen. Die Lavaechse ist keineswegs bloß selbstsüchtig, wenn sie ihr Revier verteidigt. Sie schützt vielmehr ein Stück Land vor Konkurrenten um die knappe Nahrung und sie lockt damit Weibchen an, um sich mit ihnen fortzupflanzen. Auch die Fregattvögel sind deshalb nicht »böse«, weil sie andere Vögel angreifen. Sie folgen nur der zwingenden Notwendigkeit, für die eigenen Jungen genügend Nahrung herbeizuschaffen. Jeder zusätzlich ergatterte Bissen kann auf dem schmalen Grat zwischen Leben und Tod entscheidend werden. Hinter dem stummen Drang der Schildkröten, der Angriffsbereitschaft der Echse und der Beharrlichkeit des Fregattvogels steckt der verborgene Zwang, das wertvolle Bündel genetischer Information an die nächste Generation weiterzugeben und jede noch so kleine Verbesserung zugunsten der zukünftigen Geschlechter und zur Verbesserung der Qualität des Lebens einzubringen. Man könnte meinen, daß all die letztlich miteinander verwandten Formen des Lebens beständig nur miteinander im Wettkampf liegen und in wilder Konkurrenz sich hoffnungslos damit im Kreise drehen, dem anderen das Leben zugunsten seines eigenen zu rauben. Doch solche Vorstellung kann nur ein Mensch entwickeln, dem die Detailkenntnisse um die Zusammenhänge fehlen. Denn selbst in der scheinbaren Härte der Natur liegt eine fundamentale Harmonie. Jedes Lebewesen ist Stück eines riesigen Netzes, das es unentrinnbar mit den anderen verwoben hält, so wie es die Luft, die es atmet, mit den anderen teilt.

Der Versuch, Zusammenhänge zu verstehen, gehört vielleicht zu jenen Eigenschaften, die dem Menschen in ganz besonderem Maße zu eigen sind. Das gilt genauso für das Verständnis dafür, wie das Wachstum eines Grashalms, die Symbiose einer Flechte oder einer Ameise funktionieren, wie für die Suche nach Struktur und Ursprung der Milchstraße. Stets suchen wir zu verstehen und finden viele Antworten. Manchmal sind sie in ihrer Einfachheit geradezu grotesk. Gewiß ist es sehr befriedigend, auf unsere Fragen auch Antworten zu erhalten, und die Antworten selbst bringen vielleicht sogar noch größere Befriedigung. Aber manchmal frage ich mich, warum wir eigentlich Erklärungen für alles suchen, was uns umgibt.

Über meinem Tisch lebt eine große Spinne hinter einem der Dachbalken. Ich mag Spinnen, und diese mit ihrem graubraunen Pelz ganz besonders. Ich sah ihr oft lange zu, wie sie jeden Abend aus ihrem Versteck hervorkam und mit etwas Glück eine der Motten erwischte, die um die Lampe schwirrten. Aber was weiß sie von ihrer Umgebung? Sie lebt hinter dem Balken, der nach langer Reise vom Festland herüberkam. Vielleicht stammten sogar ihre fernen Ahnen von dort, aber das weiß sie sicher nicht. So lebt sie in diesem Haus und versteht nichts davon, welche Funktion sie erfüllt. Das Licht wird an- und ausgemacht. Manchmal ist die Luft von den Vibrationen von Musik erfüllt. Wir sind überzeugt davon, daß die Spinne nichts davon versteht, wie ihre Welt zustande kam, was darin passiert und was vor ihrem Leben war und danach sein wird. Warum können wir uns nicht auch damit zufriedengeben, daß es Probleme gibt, die wir nicht lösen können?

Ein neues Abenteuer

Vor drei Jahren traf ich einen jungen Mann, der in der Nationalparkverwaltung arbeitete. Er heißt Alan, und seit unserem ersten Zusammentreffen wußte ich, daß er etwas ganz Besonderes für mich bedeutete. Er kam aus den Vereinigten Staaten. Im Auftrag der Vereinten Nationen sollte er dazu beitragen, für den Galapagos-Nationalpark einen Gesamtplan auszuarbeiten. Nach etwas über einem Jahr waren wir verheiratet. Die Hochzeit feierten wir ohne großes Fest in Quito. Es schien mir eine ganz besondere Fügung, daß ich meinen Mann bei der Arbeit für die Natur von Galapagos getroffen hatte. Ich bin sehr glücklich, seine Frau sein zu dürfen. Zusammen unternahmen wir viele Fahrten zu den Inseln, erforschten sie und teilten unsere Gefühle und Erfahrungen. Wir fotografierten diese herrlich wilde Natur und genossen den Atem der Freiheit. Wir waren einen kilometerlangen Strand entlanggeschwommen, der uns ganz allein gehörte, und in der von Vögeln erfüllten Dämmerung der Insel Tower erwacht. Es gab auch unangenehme Phasen, denn die Landschaft von Galapagos bietet keineswegs immer ein sorgenfreies Vergnügen. Es gab Nächte, in denen wir vergeblich versuchten, dichte Schwärme von Moskitos aus unserem Zelt zu vertreiben. Ich erinnere mich auch daran, als wir manchmal zu lange draußen blieben, daß wir in der Finsternis den Weg zurück durch das dornige Dickicht und über rissige Lava suchen mußten.

Gemeinsam bauten wir uns in der Academy Bay ein Haus. Es besteht aus Lavablöcken und Holz, und es umschließt einen großen Innenhof. Das ganze Jahr hindurch weht der Wind durch die vergitterten Fenster. Vor uns können wir immer das Meer sehen. An klaren Tagen scheint uns die aufgehende Sonne ins Bett. Wenige Meter hinter unserem Gelände fängt der Nationalpark dort an, wo trockener, unberührter Baumopuntienwald wächst. In unserem Haus hat sich ein Lavaechsenweibchen ihr Revier errichtet. Es macht zwar kurze Ausflüge in die Außenwelt, kehrt aber stets rasch wieder in die Sicherheit der Wohnung zurück. Am späten Nachmittag belagern Darwinfinken unsere Eingangstür und erwarten Küchenabfälle.

Doch trotz alledem packte uns der Drang nach einem neuen Abenteuer. Die Vulkane sind immer noch wild und schön, die Tiere spannend wie nie zuvor, aber mit einigem Bedauern mußte ich erkennen, daß wir weiterkommen mußten, um unsere Ziele zu erreichen. Wir wollen uns nicht ein Leben lang gegen jene Leute in der Academy Bay stemmen, die sich so sehr von uns in ihrer Gier nach dem Fortschritt unterscheiden. Leute ihres Schlages gibt es überall. Aber es gibt auch andere, deren Ziel nicht vom Profit bestimmt wird. Auf Galapagos allerdings sind sie sehr rar geworden.

So werde ich über kurz oder lang meine Beziehungen zu den Galapagos-Inseln lösen müssen, ähnlich wie Alan, als er seine Heimat in Massachusetts verließ, und ohne feste Bindung eine Zeitlang in der Welt umherziehen, um noch andere Naturwunder kennenzulernen, bevor wir uns niederlassen und eine Familie gründen wollen.

Doch wie es auch kommen mag, ein Stück von mir wird auf diesen Inseln bleiben. Und immer werde ich etwas unerhört Wertvolles mit mir tragen, das ich diesen Eilanden verdanke: die Fähigkeit, mit meinen eigenen Sinnen zu lernen und mit meinen Gefühlen einige der Geheimnisse der Natur zu verstehen, ohne Gelehrsamkeit und Wissenschaft dazu zu brauchen.

Legende zu den Tafeln I–V auf Seite 152

1 Galápagos-Bussard und dampfende Fumarole. Alcedo-Krater, Isabela.
2 Dampfender Lavastrom, 1 Woche alt. Fernandina-See.
3 Ein Vulkanausbruch. Cerro Azul, Isabela.
4, 5, 6 Innerhalb einer dreiwöchigen Aktivitätsperiode wurde Lava 150 Meter in die Luft geschleudert und strömte dann 10 km bergabwärts. Cerro Azul, Isabela.

△ 8

9

11

7, 8 Ruhender Vulkan auf Cerro Azul, Isabela.
9 Dampfender See – zwei Tage zuvor war Lava hineingeströmt. Fernandina-Krater.

10, 11 Bahamaenten auf einem mineralhaltigen See. Fernandina-Krater.

12

13

14

15

12, 18 Solitärer Vulkan auf Fernandina.
13 Tierleben am Strand von Fernandina.
14 Schwefelkristalle auf der Innenseite einer Fumarolenspalte. Alcedo, Isabela.
15 Schwefelfumarole am Vulkan Azufre. Sierra Negra, Isabela.
16 Dampfschlot. Alcedo-Krater, Isabela.
17 Galápagos-Tauben suchen Feuchtigkeit in einer Fumarole. Fernandina.

19 20

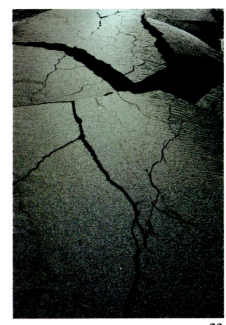

▽ 21 22 23

24

19 Erstarrte Pahoehoe-Lava bildet Falten- und Fließmuster. Sullivan Bay, Santiago.
20 Ein Lavastrom durchschneidet die Vegetation. Wolf-Vulkan, Isabela.
21 Dampfende Fumarole und taubeladene Spinnennetze. Sierra Negra, Isabela.
22 Erstarrte Lavakaskaden. Krater auf Cerro Azul, Isabela.
23 Zersprungene Oberfläche der Lava. Sullivan Bay, Santiago.
24 Tuffgestein und Krater. James Bay, Santiago.

25–28 Details aus einem 80 Jahre alten Pahoehoe-Lavastrom. Sullivan Bay, Santiago.

29 Übereinandergeflossene Lavaströme am Hang des Vulkans Wolf. Isabela.

30 *Mollugo*, eine Pionierpflanze auf frischer Lava. Sullivan Bay, Santiago.

31 Schlacke und Auswurfmaterial. Sierra Negra, Isabela.

33

34

35

32 Pahoehoe-Lava, die alte Lava überdeckt. Sullivan Bay, Santiago.

33 *Brachycereus*-Kakteen von Lava überflossen. Sullivan Bay, Santiago.

34 *Brachycereus*-Kakteen in Lava verewigt. Tower.

35 Erstarrte Lavaflüsse und *Brachycereus*-Kakteen. Sullivan Bay, Santiago.

36 Morgendliche Blüte eines *Brachycereus*-Kaktus. Punta Espinosa, Fernandina.
37 1954 tauchten nach einer tektonischen Hebung große Korallenblöcke am Strand der Urvina-Bucht auf.
38 Spärliche Trockenvegetation auf einem Lavafeld. Academy Bay, Santa Cruz.

39 *Opuntia*-Kaktus. Pinzon.

40, 41, 43 Blüten dreier Varietäten der *Opuntie* von den drei Inseln Champion, Isabela und Plazas.

39

40

41

42

43

44

42 Blüte des *Jasminocereus*-Kaktus. Isabela.
44 *Opuntien*wald. Barrington.

Vegetation der Trockenzone

45 *Scalesia incisa*. Pinzon.
46, 56 *Scalesia villosa*. Floreana.
47 *Bursera*. Tagus Cove, Isabela.
48 *Sesuvium*. South Plaza.
49 *Polygala*. Floreana.
50 *Tiquilia (Coldenia)*. Bartolomé.
51 *Bursera* und *Erythrina*. Salzmine, Santiago.

45

46

47

48

49

50

51

52 *Cordia*. Santa Cruz.
53, 58 *Portulaca*. South Plaza.
54 Wildtomate *Lycopersicon*. Fernandina.
55 *Erythrina*. Santa Cruz.
57 *Ipomoea*. Fernandina.

Hochlandvegetation

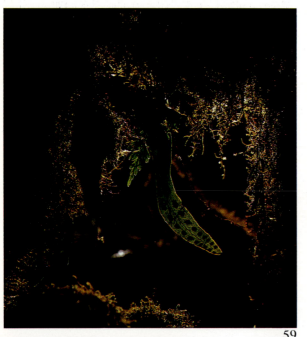

59 *Polypodium*-Farn. Alcedo, Isabela.
60 *Elaterium*. Santa Cruz.
61 *Scalesia pedunculata*. Santa Cruz.
62 *Lycopodium*-Bärlapp. Santa Cruz.
63 *Ludwigia*. Santa Cruz.
64 *Tillandsia*, eine *Bromeliacee*. Floreana.
65 *Tournefortia*. Santa Cruz.
66 *Scalesia*-Wald am Gipfel von Santa Cruz.

62 63 64 65

67

▽ 68

70

67 *Cyathea*-Baumfarn. Santa Cruz.
68 *Ipomoea alba.* Alcedo, Isabela.
69 Wasserfarn *Azolla.* Santa Cruz.
70 *Miconia robinsoniana.* Santa Cruz.

76 *Bulimulus*, Landschnecke auf Farn. Alcedo, Isabela.
77 Heuschrecke frißt *Scalesia*. Floreana.
78 Goldwaldsänger. Santa Cruz.
79 Galápagos-Fliegentyrann. Santa Cruz.
81 Weibchen des Rubintyrann. Santa Cruz.
82 Bunter Schmetterling. Alcedo, Isabela.

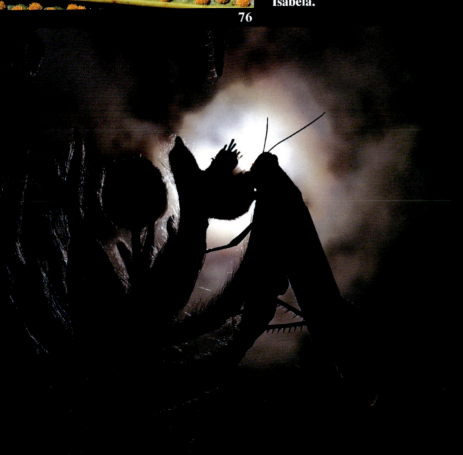

83 Sumpfohreule. Santa Cruz.
84, 85 Galápagos-Zwergrallen. Santa Cruz.
86 Mangroven-Lagune. Elizabeth Bay, Isabela.

△ 87 ▽ 88

87 Rochen. Turtle Cove, Santa Cruz.
88 Suppenschildkröte. Elizabeth Bay, Isabela.
89 Meereslandschaft. Punta Espinosa, Fernandina.
90 Blasloch auf Punta Suarez, Hood.
91 Großer Tümmler.

89

90

91

92

92 Buccaneer Cove, Santiago.
93 Cape Douglas, Fernandina.
94 Seelöwen. Sullivan Bay, Santiago.

95

96

97

95 Punta Espinosa, Fernandina.
96 Bainbridge Rock.
97 Teufelskrone, Floreana.
98 Buccaneer Cove, Santiago.

98

99–103 Insel Bartolomé, nahe Santiago.
104 Meerechsen im Morgendunst. Cape Douglas, Fernandina.

110 △ 111 ▽ 112 ▽ 113

105 Seelöwenspuren, Bainbridge Rock.
106 Lavasand. Cape Douglas, Fernandina.
107 Seelöwenspuren. Buccaneer Cove, Santiago.
108 Schildkröten-»Nester«. Bartolomé.
109, 115 Meerechsen. Cape Douglas, Fernandina.
110 Meerechse. Santa Cruz.
111 Meerechsen bei der Nahrungssuche. Santiago.
112, 113, 115 Sich sonnende Meerechsen. Punta Espinosa, Fernandina.
114 Schwimmende Meerechse. Santiago.

116 Nestbauende Meerechsen-Weibchen. Punta Espinosa, Fernandina.
117 Meerechse bei der Nahrungssuche im Gezeitentümpel. Hood.
118 Meerechsen-Männchen. Hood.
119 Meerechse und Felsenkrabben. Hood.
120 Territoriales Männchen der Meerechse mit seinen Weibchen. Punta Suarez, Hood.
121, 122 Lavaechse auf einer Meerechse. Fernandina.

121

122 △ 123

123 Männliche Meerechse. Punta
Albemarle, Isabela.
124 Meerechse in der Gischt eines
Blasloches. Punta Suarez, Hood.

▽ 124

125 Kannibalismus bei Lavaechsen. Plazas.
126 Weibchen der Lavaechse. Hood.
127 Lavaechse frißt Heuschrecke. Seymour.
128 Männchen der Lavaechse. Santiago.
129 Lavaechse und Darwinfink suchen Fliegen und Zecken. Punta Espinosa, Fernandina.
130 Lavaechsen-Weibchen. Santiago.
131 Kämpfende Lavaechsen-Männchen. Santa Cruz.

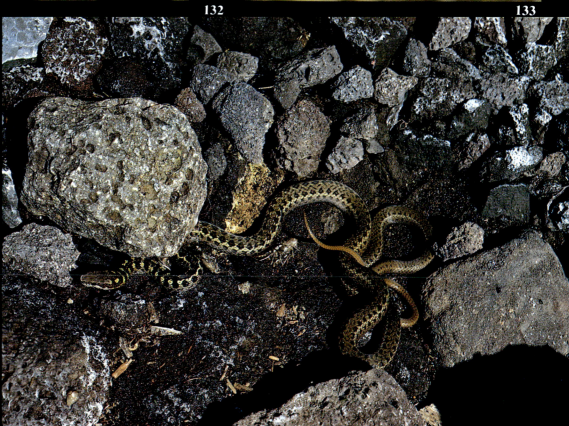

132 Lavaechse. Santa Cruz.
133, 135 Lavaechse, die von einer Galápagos-Schlange gefressen wird. Santa Cruz.
134 Galápagos-Schlange. Fernandina.

136 137 138

136 Männchen des Galápagos-Leguan. Beagle-Krater, Isabela.
137 Frisch geschlüpfter Landleguan. Fernandina.
138 Männlicher Landleguan. Conway Bucht, Santa Cruz.
139 Landleguan. Fernandina-Krater.
140 Männlicher Landleguan. Fernandina.
141 Gruppe sich sonnender Landleguane. Caldera-Kraterrand Fernandina.

△ 142 ▽ 143

142 Landleguan beim Fressen von Portulaca-Blüten. Plaza.
143 Kämpfende Landleguan-Männchen. Fernandina.
144 Spottdrossel zupft trockene Haut von einem Landleguan. Fernandina.
145 Ein Landleguan frißt an einem Kaktus-»Blatt«. Fernandina.
146 Landleguan. Caldera-Kraterrand, Fernandina.
147 Männlicher Landleguan. Barrington.

148 Riesenschildkröten in dampfenden Fumarolen. Alcedo, Isabela.
149 Darwinfink befreit Riesenschildkröte von Zecken. Alcedo, Isabela.
150 Galápagos-Bussard und Riesenschildkröten bei Sonnenaufgang. Alcedo, Isabela.
151 Riesenschildkröte beim Schlammbad. Alcedo, Isabela.
152 Riesenschildkröten in einer Regenpfütze. Alcedo, Isabela.
153 Riesenschildkröte beim Grasen. Alcedo, Isabela.
154 Beginn der Regenzeit. Alcedo, Isabela.
155 Ansammlung von Riesenschildkröten in einem temporären Regenwassertümpel. Alcedo, Isabela.

153   154   ▽ 155

156

157

158

159

160

161

156 Aggressives Verhalten der Riesenschildkröten bei den Fumarolen von Alcedo. Isabela.
157 Sonnengebleichtes Riesenschildkröten-Skelett. Alcedo, Isabela.
158 Nebliger Morgen während der Regenzeit. Alcedo, Isabela.

159, 161 Sich paarende Riesenschildkröten. Alcedo, Isabela.
160 Aus dem Nest kriechende, eben geschlüpfte Riesenschildkröten. Alcedo, Isabela.

162 Sattelrücken-Riesenschildkröte.
Pinzon.
163 Pinta-Insel-Riesenschildkröte.
Darwin Station.
164 Hood-Insel-Riesenschildkröte.
Darwin Station.

165 Sattelrücken-Riesenschildkröte frißt von einem Kaktus. Pinzon.
166, 167 Äsende Sattelrücken-Riesenschildkröte. Pinzon.

Darwinfinken

168 Der Kleine Grundfink ist der häufigste der 13 Arten von Darwinfinken. Alcedo, Isabela.
169 Kleiner Grundfink in seinem charakteristischen Nest mit seitlichem Einflugloch. Alcedo, Isabela.
170 An den Blüten der *Erythrina* fressender Mittlerer Grundfink. Santa Cruz.
171 Der Kleine Baumfink ist bei der Nahrungssuche sehr beweglich. Santa Cruz.

172 173
174 175 176
177 178 179
180 181 ▽ 183 182

172 Großer Grundfink – *Geospiza magnirostris*.
173 Kleiner Grundfink – *Geospiza fuliginosa*.
174 Spitzschnäbliger Grundfink – *Geospiza difficilis*.
175 Kaktus-Grundfink – *Geospiza scandeus*.
176 Großer Kaktus-Grundfink – *Geospiza conirostris*.
177 Vegetarischer Baumfink – *Platyspiza crassirostris*.
178 Kleiner Baumfink – *Camarhynchus parvulus*.
179 Großer Baumfink – *Camarhynchus psittacula*.
180 Spechtfink – *Camarhynchus pallidus*.
181 Mangrovenfink – *Camarhynchus heliobates*.
182 Mittlerer Baumfink – *Geospiza fortis*.
183 Insektenfressender Fink – *Certhidea olivacea*.

184

184 Floreana-Spottdrossel. Champion.
185 Hood-Spottdrossel. Punta Suarez.
186 Galápagostaube, in einer verlassenen Leguanhöhle brütend. Fernandina.
187 Galápagos-Spottdrossel. Fernandina.
188 Galápagostaube. Pinzon.

186

187

188

Galápagos-Bussarde

189 Im Fernandina-Krater.
190–192 Alcedo.
193 … auf dem Horst. Santiago.
194 Im Alcedo-Krater.
195 Im Fernandina-Krater.
196 Ein adulter Bussard hat eine Meerechse erbeutet. Fernandina.

197

▽ 198 △ 199

197 Pinguin unter Wasser. Academy Bay. Santa Cruz.
198 Galápagos-Pinguine. Punta Espinosa, Fernandina.
199 Galápagos-Pinguine in der Abenddämmerung. Punta Espinosa, Fernandina.
200 Auseinandersetzung zwischen einem jungen Bussard und einem flugunfähigen Kormoran mit Jungem. Cape Douglas, Fernandina.
201 Flugunfähiger Kormoran beim Füttern der Jungen. Punta Espinosa, Fernandina.
202 Flugunfähiger Kormoran. Punta Espinosa, Fernandina.
203 Flugunfähiger Kormoran trocknet seine Flügel. Cape Douglas, Fernandina.

200 ▽ 201

202

204

Bindenfregattvögel

205 206 △ 207 ▽ 208

▽ 209

204 Brutkolonie zur Balzzeit. Tower.
205 Vier Monate alter Jungvogel. Tower.
206 Brütendes Weibchen. Tower.
207, 210 Balzendes Männchen mit aufgeblasenem Kehlsack. Tower.
208 Frischverpaarte Bindenfregattvögel. Tower.

209 Jungvogel, der die Darwinbucht überblickt. Tower.
211 Drei Monate alter Jungvogel mit seiner Mutter. Tower.
212–214 Männchen füttert sein Junges mit heraufgewürgtem Fisch.
215 Beim Nestbau. Tower.

216 Noch nicht ausgefärbter Bindenfregattvogel. Tower.
217 Noch nicht ausgefärbter Prachtfregattvogel. Seymour.
218 Männlicher Bindenfregattvogel mit eingezogenem Balzkehlsack, Tower.
219, 220 Räuberische Bindenfregattvögel packen einen Rotfußtölpel am Schwanz und fangen den Fisch, den dieser fallen läßt. Tower.
221 Bindenfregattvogel verfolgt einen Maskentölpel. Tower.

219

220

221

223

224

225

△ 226 ▽ 227 ▽ 228

Maskentölpel

222 Ein Paar auf Punta Vicente Roca, Isabela.
223–225 Balz und Nestbau. Tower.
226 Beim Brüten umfassen die Schwimmhäute der Füße das Ei. Daphne.
227 Jungvogel bei seinen Eltern. Tower.
228 Ein Elternteil schützt das noch unbefiederte Junge vor der sengenden Sonne. Daphne.

229

△ 230

Blaufußtölpel

229 Brütendes Weibchen. Hood.
230, 233 Putzen. Hood.
231 Kolonie während der Balzzeit. Fernandina.
232 Balztanz. Hood.
234 Paar. Der größere Vogel (links) ist das Weibchen. Isabela.
235 Blaufußtölpelpaar mit Jungem. Auffallend ist die große Pupille des Weibchens. Isabela.

Rotfußtölpel

236 Mischpaar aus beiden Farbphasen. Tower.
237 Sammeln von Nistmaterial. Tower.
238 Kopf-hoch-Balz des Männchens. Tower.
239 Balzendes Paar. Tower.
240 Rotfußtölpel auf einem *Cordia*-Busch. Tower.

△ 241

▽ 242

241 Unausgefärbter Brauner Meerespelikan. Academy Bay, Santa Cruz.
242, 243 Braune Meerespelikane. Academy Bay, Santa Cruz.
244 Junges des Tropikvogels. Daphne.
245, 247 Rotschnabel-Tropikvögel brüten in den Höhlen der Meeresklippen. Teufelskrone.
246 Rotschnabel-Tropikvogel im Flug.

Gabelschwanzmöwen

248 Im Flug. Plazas.
249 Punta Suarez. Hood.
250 Beim Brüten. Tower.
251 Paarung in der Abenddämmerung. Tower.
252 Paar. Plazas.
253 Mit Kücken. Tower.

△ 248

▽ 249 △ 250 △ 251

252

253

254

255

256

254 Noddy-Seeschwalbe. Academy Bay, Santa Cruz.
255, 258 Galápagos-Albatros (Wellenalbatros). Hood.
256 Noddy-Seeschwalben fischen in Gesellschaft eines Braunen Meerespelikans.
257 Lavamöwe. Tower.
259 Jungvogel eines Galápagos-Albatrosses. Hood.
260 Nest der Lavamöwe. Mosovera.

261 Elliot's Sturmschwalbe. Punta Espinosa, Fernandina.
262 Audubon-Sturmtaucher. Academy Bay, Santa Cruz.
263–272 Balz des Galápagos-Albatros. Hood.
273 Nahrungssuchende Flamingos. Punta Cormorant. Floreana.
274 Flamingo-Kücken. Salzlagune, Santiago.
275 Balzverhalten des Großen Flamingos. Punta Cormorant, Floreana.

273 274

275

△ 276 ▽ 277 ▽ 278 ▽ 279

276 Großer Blaureiher. Academy Bay, Santa Cruz.
277 Silberreiher, Academy Bay, Santa Cruz.
278 Cayenne-Nachtreiher, Jungvogel. Santa Cruz.
279 Lavareiher. Punta Espinosa, Fernandina.

280 Seebär-Weibchen säugt das Junge. Cape Douglas. Tower.
281 Galápagos-Seebärbulle mit seinem Harem. Tower.
282 Ein Galápagos-Seebärmännchen begegnet einem Seelöwenweibchen. Cape Douglas, Fernandina.
283 Galápagos-Seebären. James Bay.

△ 284

285

▽ 286

287

284 Seelöwenweibchen schlafen dicht aneinandergedrängt. Punta Suarez, Hood.
285 Ausgelassene junge Seelöwen belästigen eine Meerechse. Punta Espinosa, Fernandina.
286 Territorialer Seelöwenbulle mit Jungen. Seymour.
287 Junger Seelöwe. Punta Suarez, Hood.
288 Seelöwenweibchen mit neugeborenem Jungen. Punta Espinosa, Fernandina.
289 Schlafendes Seelöwenjunges. Punta Espinosa, Fernandina.
290 Seelöwenbulle mit Weibchen. Punta Espinosa, Fernandina.
291 Seelöwe beim Blasloch. Punta Suarez, Hood.
292 Territoriale Auseinandersetzung zwischen Seelöwenbullen. Cape Douglas, Fernandina.
293 Der Gezeitentümpel ist vom Blut rotgefärbt, nachdem der Seelöwenbulle den Gegner erfolgreich verjagt hat. Cape Douglas, Fernandina.
294 Kleine Seelöwenkolonie in einer geschützten Bucht. Punta Vicente Roca, Isabela.

288

Naturgeschichte der Galapagos-Inseln

Entstehung der Inseln

Geographische Lage und angrenzende Tiefenverhältnisse

Die Galapagos-Gruppe besteht aus etwa 15 größeren und zahlreichen kleinen Inseln. Sie liegen quer zum Äquator rund tausend Kilometer westlich von Südamerika. Dort erheben sie sich von einem flachen, untermeerischen Plateau, das sich in Tiefen von 350 bis 900 Metern erstreckt und durchschnittlich 1800 Meter höher als der Meeresboden der Umgebung liegt. Die nördlichen Inseln Wenman, Culpepper, Pinta, Marchena und Tower sind von diesem Plateau abgetrennt. Da ihre Basis viel tiefer als die der anderen Inseln ansetzt, sind sie in Wirklichkeit erheblich massiger, als sie wirken, weil nur die letzten Spitzen die Meeresoberfläche erreichen.

Nahe dem nördlichen Ende der Inselgruppe beginnt ein Rücken im Meeresboden, der sich als Cocos-Rücken in knapp 2200 Metern Tiefe bis Costa Rica nach Mittelamerika hinzieht. Im Osten schließt ein anderer Rücken an, der Carnegie-Rücken. Er erhebt sich bis in 2500 Meter Tiefe vom Ozeanboden, wird aber vom Peru-Trog begrenzt. Etwa tausend Kilometer westlich von Galapagos verläuft die Aufwölbung der Ostpazifischen Erhebung, von der die meisten der tektonischen Platten des Pazifiks ihren Ursprung nehmen. Galapagos treibt mit der Nasca-Platte in Richtung Südamerika, wo die Platte unter dem Kontinent eingezogen wird.

Meeresvulkane und Aktivitätszentren

Man ist heute übereinstimmend der Ansicht, daß Galapagos nie Verbindung mit Kontinenten hatte, sondern rein ozeanischen Ursprungs ist. Zwar glaubten ältere Theorien, über Herkunft und Zusammensetzung der verschiedenen Lebensformen auf diesen Inseln eine Landbrücke mit Mittel- oder Südamerika annehmen zu müssen, aber diese Ansicht wurde in neuerer Zeit als wohl mit Sicherheit nicht zutreffend zurückgewiesen.

Geologisch gehört der Archipel zu einem der vulkanischen Aktivitätszentren der Erdkruste. Er bildet einen »heißen Fleck«, in dessen Zentrum besonders heißes Magma aus dem Erdinnern durch den Mantelbereich nach außen drängt und eine intensive vulkanische Aktivität verursacht. Solche Stellen gibt es mehrere auf der Welt. Die Hawaii-Inseln sind ein anderer, gut bekannter und untersuchter »heißer Fleck«. Sie entsprechen in vieler Hinsicht den Galapagos-Inseln. Da die tektonischen Platten der Erdkruste langsam über solche Zentren der Aktivität hinwegdriften, entsteht eine Tendenz zur Ausbildung von Vulkanreihen, deren älteste am weitesten vom eigentlichen Aktivitätszentrum entfernt zu liegen kommen, und umgekehrt. Die Nasca-Platte driftet seit Jahrmillionen in Richtung Südamerika. Die südöstlichsten Vulkane und Inseln sind daher die ältesten des Archipels.

Alter und Wachstum der Inseln

Dennoch verbleibt eine ganze Reihe von Fragen über den Ursprung der Galapagos-Inseln. Welche von ihnen tauchte zuerst auf? Befindet sie sich noch unter den heutigen Inseln, oder versank sie bereits wieder im Meer? Entstanden mehrere Inseln gleichzeitig? Oder zerbrach eine ursprünglich geschlossene Landmasse in mehrere Bruchstücke, die auseinandergetrieben wurden?

Auch das Alter der Inseln schwebt noch etwas im dunkeln. Genauere Messungen der Radioaktivität erwiesen sich als ausgesprochen schwierig, weil das Galapagos-Gestein nur sehr geringe Mengen davon enthält. Außerdem wurden fast alle älteren Gebiete durch jüngere Lava überdeckt. Es gibt daher noch wenige zuverlässige Daten darüber, wann der Prozeß der Inselbildung eingesetzt hatte, und wann er genügend fortgeschritten war, daß die ersten Inseln die Meeresoberfläche durchbrachen. Doch die geduldige Arbeit mehrerer Geologen bringt nun ziemliche Gewißheit, daß die heutigen Vulkane der Gruppe, die die Wasseroberfläche durchstoßen haben, vor wenigstens drei Millionen Jahren aufgetaucht sind.

Geologie der Inseln

Vulkanische Eruptionen

Die Galapagos-Inseln stellen mit die aktivste Serie von Vulkanen dar, die es auf der Erde gibt. Das gilt insbesondere für die beiden westlichsten Inseln Fernandina und Isabela. Ihre großen Schildvulkane bringen häufig neue Ausbrüche, die zwar nur relativ kurz anhalten, aber die permanente Zusammenballung von Aktivität anzeigen. Meist tritt die Lava aus Rissen und Spalten in ihren riesigen Calderen oder an den Kraterrändern aus. Während der kurzen Zeit, die wir heute historisch überblicken können, gab es eine große Anzahl solcher Ausbrüche. Die meisten zeigen den fortgesetzten Wachstumsprozeß dieser Inseln, da die Lava immer mehr Material auf den Vulkanschilden anhäuft und manchmal sogar die Küste ein Stück ins Meer hinauswachsen läßt.

Die sieben Vulkane von Isabela und Fernandina stellen die jüngsten und weitaus aktivsten der Gruppe dar. Sie werden durch ihre enorme Größe, ihren symmetrischen Aufbau und die riesigen zentralen Calderen gekennzeichnet. In den paar Jahrhunderten seit der Entdeckung von Galapagos brachen sie immer wieder aus. Manche Eruption von kurzer Dauer und in unzugänglicher Lage mag dabei von den wenigen Menschen im Galapagos-Archipel übersehen worden sein. Wenngleich Eruptionen an den Flanken nicht selten sind, treten doch die allermeisten innerhalb der Calderen auf und sind daher nur in Ausnahmefällen sichtbar. Eine Caldera entsteht, wenn sich die Lava aus dem unterirdischen Gipfelbereich des Vulkans etwas zurückzieht oder wenn eine starke Eruption den zentralen Schlot herausreißt.

Physikalische Umwelt der Inseln

Meeresströmungen und Klima

Die Galapagos-Inseln liegen im Schnittpunkt zweier getrennter Systeme von Meeresströmungen, die ihre einzigartigen Umweltbedingungen verursachen. Sie tragen auch entscheidend zur Zusammensetzung der Tierwelt bei. Die Inseln liegen zwar unter dem Äquator, doch aufgrund der Meeresströmungen kennzeichnet sie ein mehr subtropisches als tropisches Kima.

Etwa sechs Monate im Jahr, von Juni bis Dezember, werden die Inseln vom kühlen Wasser des Südäquatorialstromes umspült. Die davon hervorgerufene »Jahreszeit« wird als Winter, »Kühle Jahreszeit« oder »Garua-Zeit« bezeichnet. Garua kommt vom spanischen Wort für Nieselregen. Der Südäquatorialstrom entsteht aus der Verbindung von Peru-Strom im Hochseebereich und dem küstennahen Humboldt-Strom. Beide Meeresströmungen nehmen ihren Anfang in kalten subpolaren Gewässergebieten vor dem südlichen Südamerika und ziehen an der Westflanke dieses Kontinents entlang, wobei der Humboldt-Strom auch noch kaltes Auftriebswasser aus der Tiefe bekommt. Die beständigen Südost-Passate driften diese Wassermassen während der Garua-Zeit vom Kontinent her in Richtung Galapagos. Ein halbes Jahr lang herrschen daher hier ganz ungewöhnliche Wetterverhältnisse. Die Luftmassen kühlen sich ab, wo sie mit dem kalten Wasser zusammentreffen, und werden deshalb schwerer. Dadurch wird die normale thermische Umwälzung der Luftmassen unterbunden. Es kommt zwar zur Kondensation der Feuchtigkeit in der Luft, aber die Inversion der Luftschichten verhindert das weitere Verdichten und Abregnen. Über dieser Inversionsschicht befindet sich dann wärmere, trockenere Luft. An dieser Luftmassengrenze bilden sich mehr oder weniger dichte Nebelbänke aus, die nur gelegentlich einen feinen Sprühregen herunterkommen lassen, wenn sie an die Flanken der Berge stoßen. Höhergelegenes Bergland und der Küstenbereich bleiben daher in dieser ganzen Zeit fast ohne Niederschlag und dementsprechend sehr trocken.

Der andere große Meeresstrom, der die Inseln beeinflußt, bringt viel wärmeres und salzärmeres Wasser aus dem Golf von Panama. El Niño genannt, fließt dieser Strom normalerweise von Dezember bis Mai. Der Name bedeutet übersetzt »das Christkind« und rührt daher, weil er meist um die Weihnachtszeit einsetzt. Seine Wassermassen strömen südwärts, wenn der Südost-Passat nachläßt und den kalten Wassermassen des Südäquatorialstromes dann die entscheidende Triebkraft fehlt. Mit dem warmen Wetter kommen schwere Regen und Gewitterstürme, aber die Wetterverhältnisse können recht unzuverlässig ausfallen. In einigen Jahren zieht El Niño weit bis nach Peru hinunter und in anderen fällt er ganz aus! Diese Jahreszeit von Januar bis Mai wird als »Warme Jahreszeit« oder »Regenzeit« bezeichnet.

Noch ein dritter Meeresstrom trägt zur Vielfalt der Lebensbedingungen auf Galapagos bei. Es ist dies der Cromwell- oder Äquatoriale Unterstrom, eine kalte Strömung unter der Meeresoberfläche, die am Westrand auf die Galapagos-Platte trifft. Dort wird Auftriebswasser gebildet, das die Grundlage für das besonders reiche Leben an den Küsten von Fernandina und an der Westseite von Isabela bildet.

Ankunft des Lebens

Möglichkeiten des Transportes

Pflanzen und Tiere können auf verschiedenen Methoden die weiten Meeresgebiete überqueren, um solch abgelegene Inseln zu besiedeln. Marine Säugetiere und Reptilien schaffen auch große Strecken relativ leicht schwimmend, und Meeresvögel fliegen über den Ozean. Viel problematischer ist die Reise für die eigentlichen Landtiere und -pflanzen. Samen und Früchte halten vielleicht den Transport im Seewasser aus und driften mit Wind und Strömungen; die Winde können leichte Samen vom Festland herübertragen. Auch kleine Insekten vermögen diesen Weg zu nehmen. Schnecken und schwerere Samen verfrachten die wandernden Seevögel, insbesondere wenn die Samen entsprechende Haftvorrichtungen besitzen.

Doch das wichtigste aller Transportmittel dürfte zweifellos das im Meer treibende Schwemmgut sein. Es bildet Flöße, auf denen Tiere und Pflanzen von Südamerika herüberkommen konnten.

Die Auswahl von Tieren und Pflanzen, die wir heute auf Galapagos vorfinden, spiegelt unmittelbar ihre Fähigkeiten wider, solch lange Reisen auszuhalten. Vögel gibt es zahlreich, während die empfindlichen Amphibien völlig fehlen. Sie können einen längeren Kontakt mit Meerwasser nicht vertragen. Reptilien, die verhältnismäßig lange ohne Nahrung und Süßwasser auskommen, treten ungleich häufiger auf den Inseln auf als Säugetiere, denen diese Fähigkeiten fehlen.

Natürliche Selektion

Immer wenn eine Pflanze oder eine Tierart auf einem neuen Gelände die Ansiedelung versucht, wird sie naturgemäß kaum oder wenig den neuen Bedingungen angepaßt sein. Trägt nun ein Individuum irgendeine Erbänderung, die einen gewissen Vorteil unter den veränderten Bedingungen bedeutet, dann setzt sich dieses Erbgut sehr rasch durch und breitet sich aus. Wenn die Gründerpopulation klein ist, wird diese Ausbreitung um so schneller gehen und dominant werden, während die weniger günstigen Genkombinationen ausselektiert werden und immer geringere Beiträge zu den nächsten Generationen leisten, bis sie ganz verschwunden sind. Dies war offensichtlich ein ganz wesentlicher Abschnitt in der Ausbildung der besonderen Lebensformen auf Galapagos.

Insel-Ökosysteme

Im Zusammenwirken der verschiedenen Organismen zu einem funktionsfähigen Ganzen, zu einem »Ökosystem«, wie es die Wissenschaft nennt, gibt es eine Reihe von »Planstellen«, die je nach Angebot besetzt werden. Im Bereich der Kontinente würden diese Planstellen in der Regel mehr oder weniger speziell angepaßte Organismen besetzen. Doch da nur eine kleine Auswahl von Organismen vom Kontinent die Galapagos-Inseln erreichen konnte, blieben ursprünglich viele dieser »Planstellen« unbesetzt. Im Verlauf der Anpassungsprozesse, der Evolution, haben sich nun andere Organismen dieser freien Planstellen angenommen und sie nach und nach besetzt. Ein gutes Beispiel für diesen Vorgang ist der Spechtfink, der die Planstelle der hier fehlenden Spechte eingenommen hat. Ein anderes wäre der Scalesia-Baum, der von einer Pflanzengruppe abstammt, die keine verholzten Stämme ausbildet. Doch hier, in Abwesenheit von Baumvegetation, hat die Scalesia richtige Stämme gebildet und wächst nun in zehn bis zwölf Meter hohen Wäldern.

Ein anderer Aspekt des Galapagos-Ökosystems ist seine verhältnismäßig einfache Struktur. Denn es enthält erheblich weniger Arten als andere, kontinentale Ökosysteme. Das macht diese Inselnatur auch so besonders empfindlich. Da bestimmte Gruppen, wie sie in komplexeren Ökosystemen gewöhnlich auftreten, auf Galapagos fehlten, hat sich die dortige Lebensgemeinschaft auch nicht darauf angepaßt. So verursachte das Fehlen größerer Raubtiere die so eindrucksvolle Zahmheit und Vertrautheit der Wildtiere, die neu eingeführten Beutegreifern hilflos gegenüberstehen, weil weder Fluchtverhalten noch Abwehrreaktionen ausgebildet sind.

Vegetationszonen

Alle Inseln, die höher als sechshundert Meter aufsteigen, zeigen mindestens zwei unterschiedliche Vegetationszonen: den trockenen Küstengürtel, der nur in der Regenzeit unter der Wirkung der schweren Schauer grün wird, und eine Grünzone im Hochland, die wegen der Nieselregen aus dem Nebel auch während der kalten Jahreszeit, der Trockenzeit, grün bleibt. Santa Cruz, eine der älteren Inseln, zeigt diese Vegetationszonierung besonders gut, weil sie hoch genug ist. Am Südhang, der am meisten den Einflüssen von Wind und Regen ausgesetzt ist, lassen sich die Vegetationsgürtel in sieben Zonen unterteilen: 1. Die Küstenzone mit salztoleranten Pflanzen, wie Mangroven, Sesuvium, Batis, Nolana und Scaevola. 2. Die trockene Hinterlandzone der Küste mit trockenheitstoleranten Pflanzen, wie Baumopuntien, Bursera, Maythenus, Croton, Cordia, und anderen hauptsächlich »Trockenbusch« bildenden Arten. 3. Die Übergangszone, in der sich Pflanzen aus der trockenen und der feuchten Zone mischen und eine Anzahl ganz spezifischer Typen ausbilden, z. B. Erythrina, Pisonia, Piscidia und Waltheria. 4. Die Grünzone oder Scalesia-Zone mit üppigem Wachstum und hohem Kronendach. Sie besteht in der Hauptsache aus Scalesia pedunculata und enthält daneben Psidium, Xanthoxilum, Tournefortia, Epiphyten wie Spanisches Moos (Tillandsia) und Peperomya sowie zahlreiche Rankengewächse und Schlingpflanzen. 5. Die Braune Zone, die ihren Namen von den dicken Lagen von Lebermoosen erhält, die in dieser Nebelregion die häufigen Psidium-Bäume überziehen. Diese Zone wurde von der Landwirtschaft fast völlig zerstört. 6. Der Miconia-Gürtel, der die feuchteste Zone auf den Inseln darstellt und pro Jahr über zwei Meter Regen erhält. Er besteht fast ausschließlich aus kleinen Miconia robinsoniana-Bäumen, die zahllose Farne und Moose sowie Bärlappe (Lycopodium) bedecken. 7. Die Pampa-Zone, das Grasland, das die höchsten Stellen der Inseln überzieht, in denen es zuviel Wind und Nebel gibt, um den heimischen Bäumen noch Wachstum zu ermöglichen. Sie beschließen ausgedehnte Farnbestände mit einzelnen Stücken des Baumfarnes Cyathea darunter.

Naturschutz auf Galapagos

Einfluß der Menschen

Obgleich die Galapagos-Inseln bis in neuere Zeit vom Menschen unberührt blieben, hatte seine kurze Präsenz seither verheerende Auswirkungen auf das empfindliche Naturgefüge.

Zuerst holten die Piraten des siebzehnten und achtzehnten Jahrhunderts, dann die Wal- und Robbenfänger des neunzehnten Jahrhunderts viele Tausende von Riesenschildkröten von den Inseln, um sie in ihren Schiffen als Frischfleischkonserven zu stapeln. Gleichzeitig brachten sie verschiedene Säugetiere auf die Inseln, die sich vielerorts gut einlebten und stark ausbreiteten. Ratten kamen ohne Absicht an Land, während Ziegen absichtlich freigesetzt wurden, um die Seefahrer zu versorgen.

Im Jahre 1832 beanspruchte Ecuador den Galapagos-Archipel, und nach dieser Annexion kamen die ersten Dauersiedler auf die Inseln. Natürlich brachten diese Kolonisten, wie auch die später folgenden, Haustiere mit. Andere Organismen verschleppten sie, ohne dies zu wissen. So findet sich auf fast allen größeren Inseln heute eine Vielzahl solcher verwilderter Haustiere, wie Rinder, Pferde, Esel, Schweine, Ziegen, Hunde, Katzen, Ratten, Mäuse, sowie zahlreiche Insekten und Pflanzenarten. An vielen Stellen haben sie die ursprüngliche Tier- und Pflanzenwelt schwer geschädigt. Am schlimmsten trafen die Nachstellungen durch Schweine und Hunde die Schildkröten, Landleguane und die Hawaii-Sturmtaucher. Vier der sechs endemischen Reisrattenarten konnten dem Konkurrenzdruck durch die Wanderratten nicht standhalten und starben aus. Auch die ursprüngliche Vegetation wurde von den Ziegen und anderen Pflanzenfressern schwerstens geschädigt. Unter den größeren Inseln blieben bisher nur Tower und Fernandina davon verschont.

Der Galapagos-Nationalpark

Die Regierung von Ecuador erkannte die immense internationale Bedeutung des Galapagos-Archipels und erklärte 1959 alle unbewohnten Gebiete dieser Inseln zum Schutzgebiet und zum ersten Nationalpark des Landes. Damit sollte erreicht werden, daß die Natur von Galapagos möglichst unberührt erhalten bleibt oder dort wiederhergestellt wird, wo zu sehr das natürliche Gleichgewicht verschoben worden war. Zunächst wurde eine vorläufige Nationalparkverwaltung eingerichtet. Heute stellt sie eine feste Institution dar. Sie beschäftigt 60 Verwaltungsangestellte und Parkwächter, die eine Reihe von Schutzprogrammen sowie die Reglementierung des Touristenstromes vornehmen. Zu ihren Aufgaben zählt auch die Ausrottung eingeschleppter Arten, die Nachzucht gefährdeter Arten und Inselrassen in geeigneten Zuchtanlagen sowie die Information und Ausbildung der Bevölkerung.

Die Charles-Darwin-Forschungsstation

Gleichzeitig mit der Errichtung des Nationalparks wurde mit Hilfe der UNESCO auch die Charles-Darwin-Stiftung für die Galapagos-Inseln gegründet. Sie erhält Unterstützung von verschiedenen anderen internationalen Organisationen. Ihr Hauptzweck lag darin, in der Weltöffentlichkeit auf die Notwendigkeit der Erhaltung der Lebensräume und der Lebewesen von Galapagos aufmerksam zu machen und Mittel für die verschiedenen notwendigen Programme bereitzustellen. Ein Kernpunkt war die Errichtung der Charles-Darwin-Forschungsstation auf der Insel Santa Cruz. Sie beriet und unterstützte die Nationalparkverwaltung in den ersten Jahren nach der Gründung, half dabei, Schutzprogramme zu entwickeln und half der Nationalparkverwaltung in wissenschaftlichen Fragen. Sie setzt sich auch nach wie vor für die Bereitstellung von Mitteln für Forschung und Naturschutz auf Galapagos ein und hat insbesondere auf wissenschaftlichem Gebiet internationale Anerkennung gefunden.

Tiere der Galapagos-Inseln

von Josef Reichholf

Säugetiere

Galapagos-Pelzrobbe (Seebär) (Arctocephalus australis galapagoensis)

Diese Robbe gehört zu der Gruppe der Seebären der Küsten südlicher Ozeane. Mit ihrer Unterart von Galapagos ist sie am weitesten nach Norden vorgestoßen und den Galapagos-Pinguinen vergleichbar, die ebenfalls aus der Südhemisphäre ihren Ursprung genommen haben. Neuere Bestandserfassungen zeigten, daß auf den Inseln etwa 30- bis 40tausend Stück von ihnen leben. Wegen ihrer zurückgezogenen Lebensweise sieht man jedoch von ihnen viel weniger als von den Seelöwen.

Galapagos-Seelöwen (Zalophus wollebaeki)

Im Gegensatz zu den Pelzrobben stammen die Seelöwen von Galapagos aus der Nordhemisphäre. Ihre nächsten Verwandten leben in den Gewässern Kaliforniens, und man ist sich heute noch nicht ganz sicher, ob man die Tiere von Galapagos tatsächlich als eigenständige Art oder nur als Rasse der Kalifornischen Seelöwen betrachten soll.

An vielen Stränden der Inseln sind die Seelöwen, insbesondere zu den Höhepunkten des Fortpflanzungsgeschehens, sehr häufig. Sie prägen das Bild der Säugetierwelt dieser Inseln. Zusammen mit den Seebären zeigen sie, daß große Bestände fleischfressender Tiere auf so relativ kleinen Inseln nur dann möglich sind, wenn sie sich vom Leben im Meer ernähren. Das Land produziert zu wenig, so daß sich selbst die verwilderten Hunde nur auf den größeren Inseln trotz hoher Bestände an verwilderten Ziegen halten konnten.

Delphine und Wale

In den Gewässern um die Galapagos-Inseln wird man fast mit Sicherheit Gelegenheit haben, Delphine bei ihrem Spiel um die Schiffe oder in ihren »Schulen« zu beobachten. Der Große Tümmler (Tursiops truncatus), ein kräftiger Delphin mit stark betonter Stirnpartie, und der Gemeine Delphin (Delphinus delphis) sind die häufigsten Arten, die durch ihre Akrobatik im Wasser immer wieder begeistern. Die Scharen des Gemeinen Delphins können 200 Stück und mehr umfassen, doch sie lassen sich weniger von den Schiffen anlocken als die Großen Tümmler, die nicht selten parallel zu den Booten oder in der Bugwelle eine ganze Weile mitschwimmen.

Auch große Wale lassen sich vergleichsweise nicht selten in den Gewässern um Galapagos aufspüren. Bei der weltweiten Wanderung der meisten Arten können, mit Ausnahme weniger, die fast nur im südlichen oder nördlichen Eismeerbereich umherziehen, nahezu alle auftauchen. Am häufigsten sind jedoch Pottwale (Physeter catodon), die größte Art der Zahnwale, die in unglaubliche Tiefen hinabtauchen können. Ihr schräg nach vorn gerichteter Atemstrahl kennzeichnet sie schon auf große Distanz. Pottwale jagen bevorzugt in den Meeresgebieten niederer Breiten, während Finn- (Balaenoptera physalis) und Seiwal (B. borealis) kalte Meere bevorzugen und daher um Galapagos weniger in Erscheinung treten.

Unstet ziehen die in Gruppen jagenden Schwertwale (Orcinus orca) umher, denen neben anderen größeren Meeresbewohnern auch Seelöwen und Pelzrobben zum Opfer fallen. Die kontrastreiche Schwarz-Weiß-Zeichnung und die hohe, oft bis über einen Meter den Wasserspiegel überragende Rückenflosse machen die Schwertwale unverkennbar.

Landsäugetiere

An ursprünglich hier lebenden Landsäugetieren sind die Galapagos-Inseln arm. Nur sechs Arten von Reisratten (Oryzomys spec.), die schwer voneinander zu unterscheiden sind, nächtlich leben und überwiegend grüne Pflanzen und Samen verzehren, kamen vor, ehe die Hausratte (Rattus rattus) mit den Schiffen der Walfänger und Seeräuber eingeschleppt wurde. Auch vor der Hausmaus (Mus musculus) blieben die Inseln nicht verschont. In viel zu geringem Maße stellen diesen eingeschleppten Nagern die wohl zumeist absichtlich eingeführten – und dann immer wieder verwilderten – Hauskatzen (Felis silvestris f. catus) nach, die sich schnell an leichter erreichbare Beute hielten und durch den Verzehr von jungen Reptilien und Vögeln mehr Unheil anrichten, als sie durch die Jagd nach Ratten und Mäusen wieder gutmachen. Das gilt in noch viel stärkerem Maße für die ebenfalls verwilderten Hunde (Canis canis), die zwar angeblich auf Floreana die verwilderten Ziegen ausgerottet haben sollen, aber sonst viel Schaden in diesem empfindlichen Insel-Ökosystem verursachen. Den nachhaltigsten Einfluß hinterließen – und hinterlassen weiterhin – die Ziegen (Capra hircus), weil sie die Produktivität der Vegetation vermindern und ihre Zusammensetzung verändern. Auf fünf großen Inseln gibt es auch zum Teil recht kopfstarke Bestände verwilderter Esel (Equus asinus), die offenbar weniger Schaden anrichten, da sie gebietsweise zusammen mit Riesenschildkröten vorkommen, die deswegen keine ungünstige Bestandsentwicklung zeigen.

Außer diesen Säugetieren kommen an Land auch noch zwei ursprüngliche Bewohner vor, die es ihrem guten Flugvermögen verdanken, daß sie diese abgelegene Inselwelt erfolgreich besiedeln konnten. Es handelt sich um zwei Arten von Fledermäusen (Lasiurus brachyotis und L. cinereus). Sie leben in den stärker bewaldeten Zonen und jagen nachts Insekten.

Vögel

Die Vogelwelt der Galapagos-Inseln läßt sich in drei Gruppen einteilen, die sich in der primären Quelle ihrer Nahrung unterscheiden.

Die erste Gruppe umfaßt die Seevögel, die sich ausschließlich vom Meer ernähren und die Inseln nur als Brutplatz oder zum Ausruhen benutzen. Sie ist verhältnismäßig reichhaltig, weil durch die kalten und warmen Meeresströmungen, die hier zusammentreffen, tropische wie subtropische, aber auch Arten kalter Gewässer Nahrung finden.

Pinguine als Abkömmlinge der Antarktis und Tropikvögel brüten daher fast nebeneinander. Ihre besonderen Fähigkeiten garantieren das gemeinsame Überleben und verringern die Konkurrenz um die notorisch knappe Nahrung.

Wie stark dieser Konkurrenzdruck ist, zeigt sich am besten bei den Kormoranen, die sogar ihre Flügel stark rückgebildet haben und flugunfähig wurden, weil sie damit den Auftrieb unter'Wasser verringern und die Tauchgeschwindigkeit erhöhen. Vermutlich helfen die Stummelflügel ähnlich wie Ruder dabei mit.

Die Pinguine sind in dieser Entwicklung noch ein Stück weiter. Sie »fliegen« geradezu unter Wasser und erreichen fast ähnliche Tauchgeschwindigkeiten wie die Seelöwen.

Die Tölpel holen sich diese Geschwindigkeit durch geschoßartigen Absturz aus der Luft. Sie sind viel zu leicht gebaut, um unter Wasser durch direkten Antrieb eine genügend hohe Geschwindigkeit erreichen zu können.

Die Gruppe der Meeresvögel umfaßt folgende Arten auf Galapagos:
Galapagos-Pinguin (Spheniscus mendiculus)
Wellenalbatros (Diomedea irrorata)
Hawaii-Sturmtaucher (Schwarzbauch-Sturmtaucher) (Pterodroma phaeopygia)
Audubon-Sturmtaucher (Puffinus lherminieri)
Weißbauch-Wellenläufer (Oceanites gracilis)
Keilschwanz-(Galapagos-)Sturmschwalbe (Oceanodroma tethys)
Bindensturmschwalbe (Madeira-Wellenläufer) (Oceanodroma castro)
Rotschnabel-Tropikvogel (Phaeton aethereus)
Meerespelikan (Pelecanus occidentalis)
Blaufußtölpel (Sula nebouxii)
Maskentölpel (Sula dactylatra)
Rotfußtölpel (Sula sula)
Galapagos-Kormoran (Nannopterum harrisi)
Prachtfregattvogel (Fregata magnificens)
Bindenfregattvogel (Fregata minor)
Lavamöwe (Larus fuliginosus)
Gabelschwanzmöwe (Creagrus furcatus)
Rußseeschwalbe (Sterna fuscata)
Noddyseeschwalbe (Anous stolidus)

Die zweite Gruppe umfaßt die Küstenvögel. Sie suchen im Strandbereich oder in den Küstenlagunen nach Nahrung und sind zumeist auf festen Untergrund angewiesen. Die Bahamaente, die häufig schwimmend ihre Nahrung erbeutet, ist als einzige dieser Artengruppe auch weitab vom Strand in Kraterseen zu finden. Ähnlich wie die Reiher kommt sie ursprünglich aus dem Lebensbereich des Süßwassers. Die nachfolgende Liste enthält nur die wichtigsten Arten, die Brutvögel oder Dauergäste sind. Eine ganze Reihe nordamerikanischer Strandvögel aus der Gruppe der Limikolen sucht die Küsten der Galapagos-Inseln als Winterquartiere auf. Bei weitem nicht jeder Vogel, den man am Strand antrifft, muß daher auch zu den Brutvögeln von Galapagos zählen!
Amerikanischer Graureiher (Ardea herodias)
Silberreiher (Egretta alba = Casmerodius albus)
Cayenne-(Gelbkronen-)Nachtreiher (Nyctanassa violacea)
Lavareiher (Butorides sundevalli)
Chile-Flamingo (Phoenicopterus ruber)
Bahamaente (Anas bahamensis)
Austernfischer (Haematopus ostralegus)
Stelzenläufer (Himantopus himantopus)
Regenbrachvogel (Numenius phaeopus) – regelmäßiger Wintergast aus der Arktis.

Die dritte Gruppe beinhaltet die eigentlichen Landvögel, die vom Meer unabhängig leben. Für sie war die Überwindung der großen Distanz vom amerikanischen Kontinent ungleich problematischer wie für die Strand- und Seevögel, die normalerweise sehr ausgedehnte Wanderungen unternehmen und ausgesprochen flugkräftig sind. Einige sind aber doch unter ihnen, die als gute Flieger eine nahezu weltweite Verbreitung – bis zu den abgelegenen Inseln im Ozean – zeigen. Hierzu gehören insbesondere die Sumpfohreule (Asio flammeus), die Schleiereule (Tyto alba) und das Teichhuhn (Gallinula chloropus), drei Arten, die auch in Mitteleuropa zuhause sind und die man zunächst kaum auf solchen Inseln erwarten würde.

In ihrem Aussehen unterscheiden sich diese Arten sehr wenig von den Stammformen aus Nord- oder Südamerika. Dies gilt auch für den zweifellos schönsten Kleinvogel von Galapagos, den Rubintyrann (Pyrocephalus rubinus), der in Südamerika weit verbreitet ist. Von den beiden anderen Rallen, die neben dem Teichhuhn vorkommen, ist dagegen eine zu einer echten Inselform geworden, die Galapagos-Ralle (Laterallus spilonotus). Die Galapagos-Zwergralle (Neocrex erythropus) kommt auch im nördlichen Südamerika vor. Auf Galapagos beschränkt ist die einzige Taube (Zenaida galapagoensis), die den langen Weg geschafft hat. Ihre nächsten Verwandten leben ebenfalls in Südamerika. Aus diesem Kontinentalbereich stammen der Schwarzschnabel-Regenkuckuck (Coccyzus melanocoryphus), der Breitschnabel-Fliegentyrann (Myiarchus magnirostris) und die Spottdrossel, die in vier Arten (Nesomimus parvulus, N. melanotis, N. macdonaldi und N. trifasciatus) vorkommt. Nordamerikanischen Ursprungs ist der Goldwaldsänger (Dendroica petechia). Die interessanteste Gruppe bilden jedoch die Galapagos- oder Darwinfinken, die in einer breiten Palette von Anpassungsformen einen weiten Bereich der Nischen abdecken, die sonst von Kleinvögeln unterschiedlichster Herkunft eingenommen werden. Ihre Schnäbel bilden geradezu eine kontinuierliche Reihe, vom feinen Insektenfresser- bis zum dicken Kernbeißerschnabel. Sie zeigen einen wesentlichen Aspekt der Evolution: Die Anpassung an die unterschiedlichen Nischen des Nahrungserwerbs konnte offenbar leichter (oder überhaupt nur) von wenig spezialisierten Körnerfressern mit einem breiten Spektrum von Nahrung und nicht von hochspezialisierten Formen ausgehen, wie es der Goldwaldsänger oder der Rubintyrann darstellen. Denn für den langsamen Übergang in der Entwicklung müssen auch die Zwischenstadien konkurrenzfähig bleiben! Die Darwinfinken demonstrieren diese Entwicklungsabläufe wie keine anderen Vögel der Welt. Sogar bei den beiden Hauptgruppen, den Grund- und Baumfinken, finden wir eine parallele Entwicklung, wie die nachfolgende Gegenüberstellung der Arten zeigt.
Kleiner Grundfink (Geospiza fuliginosa)
Mittlerer Grundfink (G. fortis)
Großer Grundfink (Geospizia magnirostris)
Großer Kaktusfink (G. conirostris)
Kleiner Baumfink (Camarhynchus parvulus)
Mittlerer Baumfink (C. pauper)
Großer Baumfink (C. psittacula)

Die übrigen Arten sind noch stärker spezialisiert und haben besondere Lebensräume besiedelt. Es handelt sich um folgende Arten:
Spitzschnabel-Grundfink (Geospiza difficilis)
Kleiner Kaktusfink (Geospiza scandeus)

Vegetarischer Baumfink (Platyspiza crassirostris)
Spechtfink (Camarhynchus pallidus)
Mangrovenfink (Camarhynchus heliobates)
Laubsängerfink (Certhidea olivacea)

Als ausgesprochener Luftinsektenjäger kommt auf Galapagos auch noch eine Schwalbe, die Schwarzschwalbe (Progne modesta), vor. Schließlich konnte sich auch ein Greifvogel – wiederum eine wenig spezialisierte Art – auf diesen Inseln ansiedeln, der Galapagos-Bussard (Buteo galapagoensis). Sein Nahrungsspektrum reicht von größeren Insekten (Heuschrecken) über Meerechsen bis zu Kadavern. Seine Vertrautheit ist so ungewöhnlich, daß man bestimmt ähnlich erstaunt darüber ist, wie bei den Seelöwen oder Pelzrobben. Auch die meisten Darwinfinken sind sehr zutraulich, während Rubintyrann und Goldwaldsänger doch etwas auf Distanz achten.

Insgesamt erweist sich die Landvogelwelt von Galapagos aber im Vergleich zu Festlandsgebieten als arm an Arten. Die geringen Landflächen, die als Lebensraum zur Verfügung stehen, reichen für viele Arten nicht aus, sich hier anzusiedeln, auch wenn sie die Möglichkeiten hätten, die abgelegenen Inseln zu erreichen.

Reptilien

Die Riesenschildkröten (span. Galápago) gaben diesen Inseln den Namen. Ihre eindrucksvolle Größe paßte so richtig zum urwelthaften Eindruck, den die Galapagos-Inseln auf die ersten Besucher machten. Aber der Riesenwuchs der Schildkröten von Galapagos ist keineswegs ein Überbleibsel aus der fernen Zeit der Saurier, sondern eine Überlebensnotwendigkeit auf solch kleinen Inseln mit schwer erreichbarer, von den Launen der Witterung abhängiger Pflanzenproduktion. Denn je größer die Schildkröten werden, um so mehr können sie unter der undurchdringlichen Hülle ihres Panzers Wasser und Nahrungsstoffe (in Form von Fett) speichern. Und um so besser sind ihre Überlebenschancen dann bei länger andauernden Zeiten ungünstiger Umweltverhältnisse. Genau aus diesem Grund – weil sie ohne Wasser und Nahrung monatelang überleben konnten – wurden früher die Riesenschildkröten auch so gerne als Proviant auf die Schiffe mitgenommen. Diese Strategie funktioniert jedoch nur bei Pflanzenfressern mit geringen Stoffwechsel-Umsatzraten an Land. Im Meer, wo das Wasser die große Masse des Körpers durch Auftrieb trägt, können sogar die größten Säugetiere mit dieser Methode dem Winter in den hohen Breiten der polnahen Meeresgebiete ausweichen und in die für sie nahrungsarmen oder -leeren subtropischen und tropischen Gewässer ziehen. Bis zu einem halben Jahr halten sie dann ganz ohne Nahrung aus.

Bei Insektenfressern funktioniert ein solches System dagegen nicht. Die insektenfressenden Echsen von Galapagos, die hübschen und sehr variablen Lavaechsen (Tropidurus spec.), auch Kielschwanzleguane genannt, bleiben klein. Dieser Zwang der Umweltbedingungen gilt auch für die drei Arten der Dromicus-Schlangen (D. biserialis, D. slevini und D. dorsalis). Sie sind ungiftig und stellen hauptsächlich den kleinen Lavaechsen nach. Von den überwiegend während der kühleren und feuchteren Nachtstunden aktiven Geckos (Phyllodactylus spec.) gibt es sechs Arten auf den Galapagos-Inseln. Auch sie haben die »normale« Größe ihrer kontinentalen Verwandten beibehalten.

Dagegen werden die beiden nahe verwandten Leguane, die den Inseln besondere Berühmtheit eingebracht haben, die Meerechsen (Amblyrhynchus cristatus) und die Drusenköpfe oder Landleguane (Conolophus subcristatus und C. pallidus) verhältnismäßig groß und zählen mit bis zu einem Meter Länge zu den größten »Eidechsen« der Welt. Für sie gilt gleichermaßen, daß Größe mit Überdauern ungünstiger Perioden verbunden ist, weil sie als Pflanzenfresser auf hohe Beweglichkeit – wie sie für Insektenfresser oder Jäger, wie die Lavaechsen und Schlangen, unabdingbar wäre – verzichten können. Die bemerkenswerteste Anpassungsleistung haben dabei die Meerechsen vollbracht, denn als einzige Echsen holen sie sich ihre Pflanzennahrung aus dem Meer in Form von Tangen und Algenaufwuchs. Das dabei aufgenommene Salz scheiden sie über Drüsen wieder ab, die im Nasenraum münden. Man sieht sie daher häufig »niesen«, was bedeutet, daß sie die hochkonzentrierte Salzlösung von sich geben. Den Fotografen kann so ein Niesen in die Linsen gehen!

Neben den Landbewohnern gibt es aber unter den Reptilien der Galapagos-Inseln noch eine Reihe echter Wasserbewohner, die den Strand nur zur Eiablage aufsuchen: die Meeresschildkröten. Ihre wie Kettenpanzerspuren aussehenden Fährten findet man nach wie vor an den Sandstränden, obwohl die meisten Arten recht selten geworden sind. Suppenschildkröten (Chelonia mydas) sind mit weitem Abstand noch am häufigsten anzutreffen. Sie können über 270 kg schwer werden und ernähren sich hauptsächlich von Seegras.

Fische

Die unterschiedlichen Strömungen und Wassertemperaturen bedingen um die Inseln eine Vielfalt von Fischen, die der Besucher meist nur dann wahrnimmt, wenn von den Jachten aus geangelt wird. Auffällig auf jeden Fall sind aber die Haie, die sich in den Gewässern um Galapagos herumtreiben. Weißspitzenhaie (Carcharhinus albimarginatus) und Schwarzflossenhaie (Carcharhinus maculipennis) sind mit ihren gut zwei Metern Körperlänge die zumeist häufigsten, aber auch andere Arten, wie der Hammerhai (Sphyrna lewini), der gefürchtete Weiße Hai (Carcharodon carcharias) oder der harmlose planktonfressende Walhai (Rhincodon typus) – mit bis zu 20 Metern Körperlänge der größte Fisch der Weltmeere –, sind anzutreffen. Auch die Riesenrochen (Manta brevirostris) kommen vor. Auf die Vielzahl der anderen, insbesondere der kleineren Fischarten kann hier nicht näher eingegangen werden. Jedenfalls lohnt es sich – unter Beachtung der Vorsichtsregeln –, einen Blick ins Reich der Fische zu tun, und sei es nur von den Stränden aus, an denen Baden gestattet ist.

Hinweise zur Fotografie

Es verwundert wahrscheinlich nicht, daß sich jemand, der auf Galapagos aufgewachsen ist, der Naturfotografie zuwendet. Als Kind schon war ich empfänglich für die Wunder, die die Natur um mich herum anbot. Ich kannte mich sehr gut bei vielen Pflanzen und Tieren aus, aber erst ab etwa zehn Jahren fing ich an, ihre Bedeutung zu erahnen. Ich nahm die Welt um mich nicht mehr bloß als gegeben hin, sondern fing an, sie neu zu entdecken.

Mit zwölf Jahren verbrachte ich viele Stunden inmitten einer balzenden Blaufußtölpel-Kolonie, und eines Tages faßte ich ganz plötzlich den Entschluß: Ich wollte eine vollständige Sammlung von Bildern über den Lebenslauf der Seevögel am Strand anlegen. Natürlich wußte ich damals noch nicht, daß ich vierzehn Jahre später in meiner Sammlung von 12 000 Diapositiven immer noch nicht komplett sein würde.

Zeitweise hatte ich mit der kleinen Kodak-Kamera meines Vaters herumexperimentiert. Mit Schwarzweißfilmen sammelte ich die ersten Erfahrungen. Aber bald wurde mir klar, daß ich für meine Ziele eine Spiegelreflexkamera brauchte, und um Geld hierfür zu bekommen, verkaufte ich Ziegenhäute und andere Andenken an die ersten Touristen, die die Inseln besuchten. Aber eigentlich wollte ich deshalb nicht ein professioneller Fotograf werden. Es faszinierten mich einfach die Dinge der freien Natur, und mit meinen Bildern wollte ich ein Stück von ihnen und von ihrem Wesen mitnehmen können.

Als ich später meine ersten »richtigen« Fotos machte, wurde mir klar, daß mir die Fotografie mehr bedeutete und nicht bloß ein vorübergehendes Hobby war. Sie wurde schnell ein Stück meines Lebensinhaltes und der Hauptzweck für die meisten meiner Fahrten. Mit Versuch und Irrtum lernte ich langsam viele technische Details, z. B., daß die Qualität des Sonnenlichtes früh und spät am Tag weicher ist oder daß ich an bewölkten Tagen vermeiden sollte, Himmel oder Meer in den Bildausschnitt zu bekommen, weil sie meine Bilder überbelichtet erscheinen ließen. Mein Lernprozeß wurde oft stark abgebremst durch die lange Verzögerung, mit der die entwickelten Filme aus den Vereinigten Staaten zurückkamen. Manchmal dauerte es über sechs Monate, bis ich eine Filmrolle erhielt. Aber mit der Zeit entstand ein Gefühl für meine Objekte, weil ich sie so gut kannte und ich oft intuitiv erfaßte, daß sich das Motiv lohnen mußte.

Aber immer noch betrachtete ich meine Fotos als mein persönliches Anliegen, und ich zögerte sehr, als ich mit siebzehn Jahren meinen ersten Artikel über die Riesenschildkröten von Alcedo schreiben sollte. Erst als ich anfing, dieses Buch zu schreiben, empfand ich die Sicherheit, daß Naturfotografie und Schreiben mein wirkliches Ziel waren. Als ich mich um eine gute Kamera bemühte, empfahlen mir die meisten Leute eine Nikon, die als zuverlässigste unter Profis galt. Dann gab mir aber ein Gönner eine ganz exzellente Kamera von Pentax, die er schon jahrelang benutzt hatte. Es war ein älteres Modell, aber es produzierte hervorragende Ergebnisse. Seit mich in der Zwischenzeit drei weitere Pentax-Kameras auch bei schwerem Regen nie im Stich gelassen haben, würde ich nichts anderes ihrer Handlichkeit und ihrem geringen Gewicht vorziehen.

Auf fast all meinen Fahrten mit dem Boot oder Wanderungen ins Hinterland trage ich einen Satz von fünf Objektiven mit mir: 24 mm, 35 mm, 50 mm Macro, 83 mm, 135 mm und 300 mm. Sie sind sehr leicht zu handhaben und decken den ganzen notwendigen Einstellungsbereich ab, um jedes mir attraktiv erscheinende Motiv auf Galapagos erfassen zu können. Sie haben Blenden, die bei 3,5 oder 5,6 beginnen. Größere Werte brauche ich nicht, denn ich machte die Erfahrung, daß Bildern, die mit größeren Blendenwerten gemacht wurden, die nötige Tiefenwirkung fehlt. Außerdem verzichte ich auf die vollautomatische Blendeneinstellung, nicht zuletzt auch, weil der Mechanismus noch zusätzliches Gewicht verursachen würde. Aus gleichem Grund benütze ich kein Stativ, sondern ziehe die Schnelligkeit vor, mit der man von Hand fotografieren kann.

Meine ganze Ausrüstung einschließlich eines halben Dutzend Filme und der Polarisationsfilter oder des Balgengerätes (dazu Streichhölzer, Papier und Bleistift, Nadel und Angelhaken) paßt in einen 30×22×12 Zentimeter großen Handkoffer, den mir mein Vater fertigte. Er ist aus leichtem Holz mit wasserdichtem Plastiküberzug gebaut. Jede Linse steckt in einer entsprechenden Schaumgummivertiefung. Der Schulterriemen wird an der Mitte der Seiten und nicht an den Ecken befestigt. Dies ermöglicht es, den Fotokoffer anzuheben und aufzuklappen, ohne ihn absetzen zu müssen. So kann ich Filme oder Objektive in nahezu jeder erdenklichen Position leicht wechseln. Wenn nicht zu viele Steine auf dem Weg liegen, kann ich sogar dabei weitergehen! Relativ bequem läßt er sich auch im Boot – selbst bei rauher See – oder sogar auf einem Baum handhaben. Da das Holz gut isoliert und außen weiß lackiert ist, kann der Koffer einige Stunden lang in der prallen Sonne stehenbleiben, ohne sich zu überhitzen. Diese Lackierung erlaubt zudem, den Koffer als eine Art Spiegel zur Verstärkung des Seitenlichtes zu benützen. Ich habe damit im Regen gearbeitet, bin bei schwerer See in der Brandung ausgestiegen und bin sogar eine Meile weit über den Kratersee von Fernandina mit ihm geschwommen. Kurz, dieser Gerätekoffer ist stoßsicher, wasserdicht und wärmeunempfindlich. Oft hätte ich den Verlust meiner Ausrüstung riskiert, wenn ich mich nicht auf dieses Stück hätte verlassen können. Es wiegt gefüllt nur zehn Pfund und trägt sich bequem, ohne den für die Exkursionen auf die häufig wasserlosen Inselgebiete stark beladenen Rucksack zusätzlich zu belasten.

Unter den Filmen bevorzuge ich den Kodachrome 64 wegen seiner zuverlässigen Farbwiedergabe und hohen Schärfeleistung. Blitzlicht schätze ich nicht so sehr, sondern ziehe das natürliche Licht vor, sooft es irgendwie geht. Wie meine Bilder zeigen, versuche ich das Tageslicht so zu benutzen, daß die Aufnahmen eine gewisse Stimmung bekommen, die über die einfache Dokumentation des Objekts hinausgeht. Das erfordert nicht nur günstige Zeiten, sondern auch eine Portion Glück. Ich halte das Fotografieren nicht für harte Arbeit, sondern mehr für ein Problem, am rechten Ort zur richtigen Zeit zu sein. Vielleicht liegt das Wichtigste darin, das Gespür zu bekommen, wann der richtige Moment gekommen ist.

Ich habe mich nie für die mechanische Technik der Fotografie interessiert und meine, um ein guter Fotograf zu werden, braucht man nicht die technischen Einzelheiten von Filmleistungen und Verschlußgeschwindigkeiten zu studieren. Diese Detailkenntnisse entwickelt man ganz von selbst, wenn man mit seinen Objekten vertraut geworden ist. Man muß die Qualität des Lichtes, das Niveau der Wolken, den Schatten der Bäume ins Gespür bekommen, wie sie als oft kleine, unbedeutend erscheinende Randbedingungen in die Komposition der Szene passen.

Im Verlauf eines Jahrzehnts wurde für mich die Naturfotografie das Mittel, meine Betrachtungsweise der Dinge anderen Leuten mitzuteilen. Ich hoffe, daß sie dazu beiträgt, Aufmerksamkeit und Wertschätzung gegenüber der Natur zu entwickeln, gegenüber der Natur, so wie sie ist, und nicht, wozu sie uns gut zu sein dünkt. Die anschließenden Hinweise sind als ausführlichere Angaben zu den einzelnen Bildern zu verstehen.

Tafeln

I. Mit einem Regenschauer im Hintergrund und hellem Sonnenlicht im Vordergrund wurde der Kontrast der Farben am Strand von Bartolomé durch einen Polarisationsfilter verstärkt, der die Rückstahlung von der Wasseroberfläche dämpfte. Takumar 24 mm.

II. Inmitten der Regenzeit scheint die Sonne am Nachmittag weich auf das zarte Gras, das von den weidenden Schildkröten bis zum Boden hin abgebissen wurde. Fumarolen dampfen in der Ferne. Takumar 24 mm.

III. Während Wolkenfetzen über den Alcedo-Krater hinziehen (Regenzeit), erhebt sich neben den dampfenden Fumarolen ein neugieriger Bussard, um den Fotografen näher zu besichtigen. Takumar 24 mm.

IV. Während schwere Wellen und Brandung gegen die lavabedeckte Strandlinie schlagen, kehrt eine Meerechse von der Nahrungssuche zurück. Takumar 24 mm.

V. Auf dem Kraterrand von Fernandina ruht sich ein Landleguan-Männchen hart an der Kante der tausend Meter tiefen Caldera aus. Takumar 24 mm.

1. Fumarolendampf und morgendliche Wolken mischen sich und füllen die Caldera von Alcedo. Der gegenüberliegende Kraterrand bleibt frei. Die ganze Szene wird in die goldenen Farbtöne des Sonnenaufgangs gehüllt. Takumar 24 mm. Foto von Gil de Roy.

2. Gleich nach Ankunft der Information über eine neuerliche Eruption im Krater von Fernandina sandte die Charles-Darwin-Forschungsstation eine Untersuchungsgruppe aus. Als wir am Kratersee eine Woche später ankamen, hatte der Ausbruch bereits sein Ende gefunden. Aber die frische Lava war in den See eingedrungen, der noch stark dampfte. Takumar 135 mm.

3. Am zwölften Ausbruchstag jagte die Eruption von 1979 an der Basis von Cerro Azul Gase und dünne Lava in großen Fontänen in die Luft. Ein Band sich abkühlender Lava strömte hangabwärts. Das letzte Dämmerlicht des Abends umgibt die umliegende Landschaft. Die Szene wurde 800 Meter entfernt von einem alten Lavaschlot aus fotografiert. Macro-Takumar 50 mm.

4. Gegen die rote Glut in der Atmosphäre und das Röhren der entweichenden Gase zeigt diese Zeitaufnahme von mehreren Minuten Öffnungszeit den Weg der Lavabomben als grazile Lichtbögen. Takumar 135 mm.

5. In der Dämmerung wird die Glut der Eruption von den Kondensationswolken reflektiert, die sich über den Schloten gebildet haben. Takumar 35 mm.

6. Nach mehreren Regentagen und miserablem Wetter enthüllt sich eines Morgens die Caldera von Cerro Azul in ihrer ganzen Schönheit. Takumar 24 mm.

7. und 8. Lavaströme und Sinterschlacken zeigen die fortdauernde Aktivität von Cerro Azul. Takumar 135 mm.

9. 1978 ergoß eine neue Eruption Lava in den Kratersee von Fernandina. Als wir zwei Tage später am Kraterrand ankamen, dampfte noch der ganze See vor Hitze. Takumar 35 mm.

10. Wenn die Morgensonne langsam in die Caldera eindringt, bleibt es noch ruhig über dem im Schatten liegenden See, so als ob ein Stück Nacht darin gefangengenommen worden wäre. Takumar 24 mm.

11. Umgeben von hohen Wänden schimmert der Kratersee von Fernandina im bläulichen Morgenlicht. Takumar 135 mm.

12. Vom Rand des Vulkans Alcedo betrachtet, erhebt sich der gerundete Gipfel von Fernandina bis in die dunklen Wolken der Regenzeit. Takumar 83 mm.

13. Das goldene Licht des Sonnenaufgangs, gefiltert von einem feinen Schleier von Morgennebel, beleuchtet eine Gruppe von Seelöwen, Meerechsen, einem flugunfähigem Kormoran und einem Meerespelikan an der Basis des Vulkans von Fernandina. Takumar 135 mm.

14. Dieser direkte Blick in eine dampfende Fumarole offenbart zerbrechliche Schwefelkristalle, die sich aus den Niederschlägen der heißen Gase bilden. Um dieses Bild zu bekommen, mußte ich sehr schnell einstellen und auslösen, bevor der Dampf die Linsen beschlagen ließ. Makro-Takumar 50 mm.

15. Erleuchtet vom brillanten Morgenlicht formen die Schwefelkristalle um die Dampfschlote der Fumarolen ein bizarres Gitterwerk.

16. Eben hat sich die Sonne über den Kraterrand von Alcedo gehoben und durchlichtet den dichten, wirbelnden Dampf der Fumarolen. Takumar 24 mm.

17. Wasser ist knapp am sonnenbeschienenen Kraterrand von Fernandina während der kühlen Jahreszeit. Jetzt suchen die kleinen Galapagostauben nach Tropfen von Kondensationswasser an den Farnwedeln und Seggenblättern in der Umgebung der Fumarolen. Takumar 135 mm.

18. Als ich diesen Sonnenuntergang vom fahrenden Boot aus vor Fernandina fotografierte, kam gerade im rechten Moment ein tauchender Blaufußtölpel und zeichnete seine Silhouette. Takumar 135 mm.

19., 23., 26., 27., 28. Während die Sonne am späten Nachmittag den metallischen Glanz verstärkt, zeigt sich jedes Detail seiner Zusammensetzung im Lavastrom an der Sullivan Bay.

20. Bedeckter Himmel verleiht einem schwarzen Lavastrom an der Flanke des Vulkans Wolf einen bläulichen Ton. Man braucht zehn Stunden zu Fuß, um über diese rissige Lava den mit 1700 Metern höchsten Punkt der Galapagos-Inseln zu erreichen.

21. Die Schwefel-Fumarolen des Vulkans de Azufre im vulkanischen Sierra-Negra-Gebiet schicken Dampf in großen Wogen nach oben. Tautropfen hängen in einem Spinnennetz am Kratergrund. Takumar 24 mm.

22. Das zunehmende Licht des Sonnenaufganges verstärkt die Oberflächenformen junger Lavaflüsse, die in steilen Kaskaden die Steilwände der Caldera von Cerro Azul hinabstürzen. Vivitar 300 mm.

24. Nur von ganz spärlicher Vegetation bedeckt, behalten die beiden Tuffkegel von James Bay ihre symmetrischen Formen. So ein leuchtender Morgen ist typisch für die warme Jahreszeit. Takumar 24 mm.

25. Fingerähnliche Vorstülpungen in den dicken Stricken der Pahoehoe-Lava werden »Lavazehen« genannt. Macro-Takumar 50 mm.

29. Blickt man vom steilen östlichen Kraterrand des Vulkans Wolf nach unten, zeigen sich einander überlagernde Muster von Lavaströmen bis zur Küste hin. Macro-Takumar 50 mm.

152

30. Selbst während der Trockenzeit gelingt es der winzigen Mollugo-Pflanze, ihre Blüten auf die nahezu sterile Lava zu setzen.

31. So weit das Auge reicht findet sich keine Spur von Leben. Nur Lavaschollen und Schlacken liegen über dieser rein mineralischen Landschaft, über die die Schatten der Wolken hinziehen. Takumar 135 mm.

32. Als ob sie noch in Bewegung wäre, »fließt« glasierte, bläuliche Lava aus dem letzten Jahrhundert über älteres, erodiertes Gelände. Takumar 50 mm.

33. Obwohl ich über die Pahoehoe-Lava in der Sullivan-Bucht viele Male gelaufen bin, entdeckte ich mit jedem Besuch etwas Neues, wie diesen pflanzlichen Pionier, einen Brachycereus-Kaktus. Takumar 135 mm.

34. Seit unzähligen Jahrhunderten wachsen Brachycereus-Kakteen auf diesem Fleck, wie dieser Lava-Abdruck zeigt, der in der Darwin-Bucht ausgewaschen wurde. Macro-Takumar 50 mm.

35. Brachycereus-Kakteen wachsen am besten in ödem Lavagelände. Mit einsetzender Bodenbildung werden sie von anderen Pflanzen unweigerlich verdrängt. Takumar 24 mm.

36. Der Brachycereus-Kaktus, der auf bloßer Lava wächst, kommt selten zum Blühen. Und wenn, dann öffnen sich die Blüten nur nachts. Diese am frühen Morgen aufgenommene Blüte hat sich bereits teilweise wieder geschlossen. Takumar 135 mm mit Balgen.

37. Muscheln und Seeigel, Seepocken und große Korallenblöcke zeugen von jenem sintflutartigen Ereignis, bei welchem durch geophysikalische Kräfte die ganze Bucht von Urvina aus dem Meer gehoben wurde. Fünfundzwanzig Jahre danach wurzelte eine lockere Vegetation zwischen den sonnengebleichten Überbleibseln dieser Meeresorganismen. Takumar 24 mm.

38. Viele Pflanzen der Trockenzone werfen ihr Laub während der niederschlagsarmen Monate ab, doch der Erythrina-Baum trägt leuchtend rote Blüten. Takumar 24 mm.

39. Ein Sonnenstrahl erhellt einen Klumpen Opuntien im trockenen Krater der Pinzon-Insel. Herunterhängende Lappen dieses Kaktus werden von hoch hinaufreichenden Sattelrücken-Schildkröten abgebissen. Takumar 35 mm.

40. Die frischen Kaktusblüten auf Champion sind gelb und werden mit der Zeit rot. Takumar 24 mm.

41. Gerade vor Beginn der Regenzeit fangen die Opuntien an zu blühen. Takumar 135 mm.

42. Die frühmorgendlichen Blüten des Jasminocereus-Kaktus. Takumar 135 mm.

43. Viele Opuntienblüten werden von nahrungssuchenden Kaktusfinken beschädigt, aber diese sind noch intakt. Takumar 83 mm.

44. Mit Weitwinkellinsen und mehreren Blenden Unterbelichtung erzielte ich diese Silhouetten gegen den Nachmittagshimmel. Takumar 35 mm.

45. Die Scalesia-Büsche auf Pinzon bleiben auch während der Trockenzeit grün. Takumar 135 mm.

46. Die trockenen Blüten der Scalesia villosa bleiben erhalten, solange sie die Samen darin abdecken. Takumar 83 mm mit Balgen.

47. Am Hang eines alten Tuffkegels stehen die Bursera-Bäume (»Palo Santo«) blattlos in der Trockenzeit. Takumar 135 mm.

48. Tief in der Trockenzeit haben sich wegen Wassermangels die Sesuvium-Pflanzen der Plaza-Inseln ganz rot gefärbt. Wolken, die nur ganz selten einmal schwachen Sprühregen hervorbringen, hängen niedrig über dem Meer. Macro-Takumar 50 mm.

49. Von der Trockenheit kaum beeinflußt blüht diese Euphorbie auf Sandstränden oder Aschenhängen. Takumar 135 mm mit Balgen.

50. Aus den glitzernden Sanddünen von Bartolomé wachsen die trockenheitsliebenden Coldenia-Pflanzen. Takumar 135 mm.

51. Keine Winterszene zeigt dieses Bild, sondern Salzablagerungen an der James Bay mit Bursera und Erythrina während der Trockenzeit. Takumar 135 mm.

52. Nahaufnahme der winzigen Cordia leucophlyctis-Blüte. Macro-Takumar 50 mm mit Balgen.

53., 58. Angespornt von den ersten starken Regenfällen entfaltet die graue Decke von Portulak vor Sonnenuntergang ihre zarten Blüten auf den Plaza-Inseln. Takumar 24 mm und Macro-Takumar 50 mm.

54. Endemische Tomaten blühen in vielen der trockensten Regionen der Inseln. Takumar 135 mm mit Balgen.

55. Obgleich blattlos, produziert Erythrina inmitten der Trockenzeit herrliche Blüten. Takumar 135 mm.

56. Feine Haare bedecken die an der Küste von Floreana wachsende Scalesia zum Schutz gegen Austrocknung. Takumar 135 mm.

57. Die meisten Pflanzen sind seit der letzten Regenzeit schon wieder verdorrt, aber diese Winde entfaltet noch ihre zarten Blüten über der ausgetrockneten Lava. Macro-Takumar 50 mm.

59. Leuchtendes Morgenlicht durchstrahlt Farne und Moose am Kraterrand von Alcedo. Takumar 135 mm.

60. Im feuchten Schatten eines Scalesia-Waldes rankt sich eine Kletterpflanze an einem bemoosten Baumstamm empor. Takumar 135 mm.

61. Die Feuchtigkeit der hohen Bergatmosphäre erhält eine Vielfalt an epiphytischen Farnen und Moosen in einer der höchsten Vegetationszonen der Insel Santa Cruz. Takumar 50 mm.

62. Das typische Nebelwetter im Hochland von Santa Cruz läßt die Farben von Farnen und Moosen hervortreten. Macro-Takumar 50 mm.

63. In den temporären Tümpeln, die von den Schildkröten zum Suhlen aufgesucht werden, entfalten sich die feinen Blüten von Ludwigia. Takumar 135 mm.

64. Eine epiphytische Bromelie sammelt Wasser und Nährstoffe mit ihren tütenartigen Blättern und nicht mit den Wurzeln. Takumar 135 mm.

65. Wolkenreicher Himmel verleiht den Blättern der Tournefortia ein wachsartiges Aussehen. Takumar 135 mm.

66. Während der warmen Jahreszeit treibt die Sonne ihr Spiel mit den Wolken über dem Hochland von Santa Cruz. Der Scalesia-Wald kommt auf der windgeschützten Nordseite hangwärts empor. Macro-Takumar 50 mm.

67. Im feuchten Grasland von Santa Cruz überragen Baumfarne den Scalesia-Wald. In der Ferne ist die trockene Küstenlinie sichtbar. Macro-Takumar 50 mm.

68. Sowie die ersten Sonnenstrahlen durch die Wolken kommen, verwelkt diese Blüte, die sich nur während der Morgendämmerung öffnet. Takumar 135 mm.

69. Regengespeiste Tümpel im hochgelegenen Graslandbereich werden oftmals von Matten des Wasserfarns (Azolla) überzogen. Sie färben sich leuchtend rot, wenn sie dem vollen Sonnenlicht ausgesetzt sind. Macro-Takumar 50 mm.

70. Die feuchteste Zone der Inseln, der Miconia-Gürtel von Santa Cruz, empfängt bis über zwei Meter Niederschlag im Jahr. Macro-Takumar 135 mm.

71., 80. Im Wald des Hochlandes von Santa Cruz verweilt kurz ein Männchen des Rubintyrannen und sucht im niedrigen Blattwerk nach Insekten. Takumar 135 mm.

72. Bei einem Spaziergang entlang des Kraterrandes von Alcedo fand ich an einem nebeligen Tag diesen verborgenen Schmetterling. Takumar 83 mm.

73. Eine große Spinne verzehrt die eben gefangene Schabe an der Wand unserer Küche. Macro-Takumar 50 mm.

74. Von glänzenden Regentropfen umgeben führt die Spinne gerade ihren Netzbau zu Ende, den sie zwischen den goldenen Stacheln eines Kaktus spannte. Takumar 83 mm mit Balgen.

75. Die Sonne hat den Morgennebel vertrieben und glitzert nun in den Tautropfen eines Spinnennetzes. Takumar 83 mm.

76. Ein Strahl der Nachmittagssonne beleuchtet die Unterseite eines Farnwedels mit umherwandernden endemischen Landschnecken. Macro-Takumar 50 mm.

77. Als Silhouette gegen den Mittagshimmel knabbert eine Heuschrecke an einer Scalesia-Blüte. Takumar 135 mm.

78. Durch dichtes Blattwerk der Mangroven fällt das Licht auf ein paar Goldwaldsänger am Nest. Die Hühnerfedern und Baumwollfasern zeigen, daß das Nest in der Nähe einer menschlichen Ansiedlung erbaut wurde. Takumar 135 mm mit Balgen.

79. Der endemische Galapagos-Fliegentyrann ist sehr neugierig und läßt sich leicht fotografieren. Takumar 135 mm.

81. Farbe und Zeichnung eines Weibchens des Rubintyrannen verschmelzen so sehr mit jenen des feuchten Mooses, daß der Vogel im niedrigen Buschwerk nur schwer zu finden ist. Takumar 135 mm mit Balgen.

82. Ein frisch geschlüpfter Schmetterling trocknet während der Regenzeit seine Flügel im warmen Morgenlicht auf Alcedo. Macro-Takumar 50 mm.

83. Auf Inseln, auf denen Bussarde nicht als Nahrungskonkurrenten auftreten, jagt die Sumpfohreule auch am Tage. Diese Eule hat hier eine der eingeschleppten Mäuse am Spätnachmittag in einem Scalesia-Wald gefangen und hat sie ihrem Partner zum neuen Nistplatz unter einem niedrigen Busch gebracht. Takumar 135 mm.

84. Ein seltener Glücksfall: In einem dichten Grasbüschel wechselt sich ein Pärchen der Galapagos-Zwergralle gerade beim Brüten ab. Ein Morgen geduldigen Wartens gewöhnte diese scheuen Vögel an meine Anwesenheit. Takumar 135 mm mit Balgen und Blitz.

85. Heimlich und fast flugunfähig lebt die Galapagos-Zwergralle. Sie drückt sich mit ihren Jungen unter einen großen Büschel von Bärlappen in der feuchten Miconia-Zone von Santa Cruz. Takumar 135 mm.

86. Dieser Schnappschuß gelang mir von einem kleinen Boot aus, mit dem ich in einen Mangrovearm hineinruderte, in dem Rochen und Seeschildkröten ins ruhige Wasser hinausglitten. Macro-Takumar 50 mm.

87. Mit einem Polarisationsfilter zur Verminderung der Reflexion der Wasseroberfläche fotografiert, wird eine Gruppe von Rochen sichtbar, die durch das stille Wasser der Lagune schwimmt.

88. Als die neugierige Schildkröte langsam das kleine Boot umkreiste, erhielt ich dieses Bild, ohne den Polarisationsfilter benutzt zu haben, der die Lichtreflexe von den Mangroveblättern genommen hätte. Takumar 83 mm.

89. Der Versuch, die sich brechende Welle genau in dem Moment zu erfassen, in welchem ein Blaufußtölpel vorüberflog, erforderte mehr als Geduld. Vivitar 300 mm.

90. Wie ein Geysir wirken die Wellen, die durch das »Blasloch« von Hood spritzen, wenn sie mit der Gewalt der Brandung durch den engen Deckenspalt hindurchgepeitscht werden. Ich machte viele Gegenlichtaufnahmen davon und jede fiel anders aus. Takumar 24 mm.

91. Der Anblick von Tümmlern, die vor dem Bug des Schiffes umherspringen, ist immer wieder ein faszinierendes Ereignis, auch wenn man sie schon oftmals gesehen hat. Wenn bei ruhigem Wetter ein Tümmler aus dem Wasser springt, hinterläßt er kaum eine Welle, so elegant taucht er auf. Takumar 135 mm.

92., 98. Gefiltertes Sonnenlicht verleiht Land und Meer einen samtenen Glanz.

93. Pinguine, Meerechsen und Seelöwen liegen friedlich auf den rauhen Lavaküsten vor dem Hintergrund des großen, aktiven Vulkans von Fernandina. Takumar 24 mm.

94. Mit einem Polarisationsfilter versuchte ich gerade die kristallhafte Durchsichtigkeit des Wassers herauszuarbeiten, als diese Gruppe junger Seelöwen vorbeiglitt. Takumar 24 mm.

95. Ein Seelöwe schleppt sich auf den Strand von Punta Espinosa, während an einem wolkigen Nachmittag die Sonne kurz hervorkommt. Macro-Takumar 50 mm.

96. Ungewöhnlich klares Wasser läßt bis auf den felsigen Grund vor einer hohen Klippe an der Bainbridge Insel blicken. Macro-Takumar 50 mm.

97. Niedere Wolken hängen an einem typischen Morgen der kühlen Jahreszeit über dem Meer bei der »Teufelskrone« nahe der Insel Floreana. Takumar 135 mm.

99. Sonnenaufgang an einem Strand der Insel Bartolomé. Takumar 135 mm.

100. Das Meer wirkt wie geschmolzenes Silber, wenn die Sonne hinter dem »Pinnacle« (»Teufelsfinger«) von Bartolomé untergeht. Man blickt vom Gipfel dieser kleinen Insel nach Westen. Takumar 135 mm.

101. Mein plötzlicher Entschluß, über einen Tuffkegel an der Küste zu steigen und nicht um ihn herumzugehen, wurde mit diesem Blick auf Wirbel in der Meeresströmung, die im Gegenlicht glänzen, belohnt. Takumar 24 mm.

102. Das orangefarbene Licht des Sonnenuntergangs läßt jedes Detail im »Teufelsfinger« von Bartolomé hervortreten. Macro-Takumar 50 mm.

103. Die ersten Sonnenstrahlen tauchen die Landschaft in goldene Farbtöne (Blick vom Gipfel von Bartolomé). Takumar 24 mm.

104. Kaltes Meeresauftriebswasser verursacht eine Nebelbank bei Sonnenaufgang an der Küste von Fernandina. Dutzende von Meerechsen und ein Lavareiher erwarten die wärmende Sonne. Takumar 24 mm.

105. Von einer hohen Klippe aus sieht man die Spuren der Seelöwen an diesem kleinen Strand. Der weiße Sand besteht hauptsächlich aus Korallen und Muscheln. Takumar 135 mm.

106. Ein Lavastrand wirkt fast genauso schwarz wie die Lava selbst, aus der er entstanden ist. Takumar 24 mm.

107. Einige Aschen- und Schlackenkegel sind leuchtend rot anstatt schwarz. Ihre Verwitterungsprodukte färben den Strand stellenweise in diesen Tönen.

108. Ein Strand aus zerriebenem Tuff ist orangerot und die winzigen Kristalle glitzern bei genauem Hinsehen.

109. Wie ein aus dem Meer entspringendes Band ziehen die Meerechsen langsam den Lavasand zu ihren Ruheplätzen oberhalb der Hochflutlinie empor. Takumar 24 mm.

110. Eine Meerechse, die gerade von der Nahrungssuche zurückkommt, taucht aus dem Wasser auf. Sie läßt sich, perfekt getarnt, kaum von ihrer Umgebung unterscheiden. Takumar 135 mm.

111. Fressende Meerechsen klammern sich an den Felsen, wenn sie die Brandung überspült. Takumar 135 mm.

112. Meerechsen sammeln sich in großer Zahl an ihren bevorzugten Ruheplätzen zum Sonnen. Auf diesem oft fotografierten Felsen von Punta Espinosa glitzert die Morgensonne auf ihren stacheligen Rücken. Takumar 135 mm.

113. Morgenlicht zeichnet den Rückenkamm einer sonnenbadenden Meerechse in einer ganzen Gruppe ihresgleichen ganz deutlich ab. Takumar 135 mm.

114. Durch das klare Wasser einer Grotte bei James Bay schwimmt eine Meerechse zur Nahrungssuche hinaus. Takumar 135 mm.

115. Im selben Augenblick, als ich dieses Bild machte, tippte die Meerechse kurz auf den Felsen. Dieses Verhalten zeigt an, daß sie hier ihr Revier hat. Takumar 135 mm.

116. Nur ein einziges Mal konnte ich die Meerechsen während des Höhepunktes der Fortpflanzungszeit ausgiebig beobachten. Diese Zeitspanne dauert nur etwa eine Woche. Dann wühlen die Weibchen zu Dutzenden den Sand oberhalb der Hochflutlinie um und kämpfen heftig um Nistplätze oder halbgegrabene Höhlen. Takumar 135 mm.

117. Eine Hood-Meerechse weidet an den kurzen Algen, die auf den Felsen eines Fluttümpels wachsen. Takumar 135 mm.

118. Die leuchtenden Farben der Männchen der Hood-Meerechsen treten nur zu Beginn der warmen Jahreszeit auf und werden am Ende der Fortpflanzungsperiode viel dunkler und blasser. Takumar 135 mm.

119. Eine farbenprächtige Hood-Meerechse kümmert sich nicht um die Krabben, die auf ihr herumsteigen und vielleicht eine Zecke entfernen. Takumar 135 mm.

120. Mit aggressivem Kopfnicken wendet sich ein Meerechsenmännchen von Hood unter den dunkleren Weibchen und droht den Konkurrenten. Takumar 135 mm.

121. Ein Männchen der Lavaechse hat diesen exklusiven Ausblick auf dem Kopf einer sonnenbadenden Meerechse eingenommen. Takumar 135 mm.

122. Wie ein Zwerg wirkt diese Lavaechse neben den starken Klauen einer Meerechse. Sie folgt aufmerksam den Bewegungen einer Fliege. Takumar 135 mm mit Balgen.

123. Auf Isabela werden die Meerechsen am größten. Die Männchen können hier bis zu sieben Kilogramm Gewicht erreichen. Takumar 135 mm.

124. Die Gischtwolken aus dem »Blasloch« von Hood hüllen die Meerechsen ein, die sich an die übersprühten Felsen klammern und den Algenbelag davon abweiden. Takumar 135 mm.

125. Manchmal fangen und verzehren die Lavaechsen auch Jungtiere der eigenen Art. Dieser Kannibalismus trägt vielleicht zur Kontrolle der Bestandsdichte bei, da jeder geeignete Platz praktisch immer besetzt ist. Takumar 135 mm.

126. Ein Lavaechsenweibchen von Hood wird größer als auf anderen Inseln und zeigt auch eine stärkere Ausdehnung der Rotfärbung an Kopf und Brust. Takumar 135 mm mit Balgen.

127. Ein Räuber, der selbst oft zur Beute wird: Eine Lavaechse zerlegt schnell eine große Heuschrecke, die sie eben gefangen hat. Takumar 135 mm.

128. Ein Lavaechsenmännchen überblickt sein Revier von der Spitze eines Felsblockes aus. Takumar 135 mm.

129. Eine Meerechse liegt in der Sonne. Eine Lavaechse benutzt sie als Ausguck für die Fliegenjagd, und ein Darwinfink sucht an ihr nach vollgesogenen Zecken. Takumar 135 mm.

130. Mitten in die Kameralinsen blickt dieses während der Regenzeit prachtvoll gefärbte Lavaechsenweibchen. Macro-Takumar 50 mm.

131. Zwei Lavaechsenmännchen kämpfen erbittert auf dem Kunststoff-Rolladen unserer Fenster. Takumar 135 mm.

132. Nach einer regnerischen Nacht ist diese Lavaechse gerade zum Sonnenbaden hervorgekrochen. Der besondere Lichteffekt entstand dadurch, daß die Echse durch einen tropfenbeladenen Busch fotografiert wurde. Takumar 135 mm.

133. Nur ganz selten einmal ließ ich meine Kamera im Boot zurück, wenn ich Touristen über eine Insel begleitete. Als dann einmal gerade vor unseren Augen eine Schlange auftauchte und eine Lavaechse fing, lieh mir eine freundliche Dame glücklicherweise ihren Fotoapparat.

134. Drei Schlangenarten bewohnen die Galapagos-Inseln. Sie kommen nur hier vor und bilden mehrere Unterarten auf den einzelnen Inseln aus. Keine von ihnen ist giftig. Sie überwältigen ihre Beute durch Umschlingen und erdrücken sie. Takumar 135 mm.

135. Sekunden nach dem Fang beginnt eine Galapagos-Schlange sogleich ihre Beute, ein Lavaechsenmännchen, vom Kopf her zu verschlingen, während sie den Körper noch umwickelt hält.

136. In einem Gebiet, in das nur selten Besucher kommen, drohte mir dieser Landleguan mit aufgeblähter Kehle und schickte sich an, ins Buschwerk zu fliehen, als ich ein Bild machte. Takumar 135 mm.

137. Im Oktober schlüpfen bei kühl-sonnigem Wetter in der Caldera von Fernandina die Leguane und entziehen sich durch ihre Tarnfärbung den Galapagos-Bussarden auf ihrem Weg zu den Grüngürteln hinauf. Takumar 135 mm.

138. Dieses Bild wurde kurz nach der Zerstörung des ganzen wildlebenden Bestandes von Landleguanen auf Santa Cruz im Jahre 1975 gemacht. Takumar 135 mm.

139. Der Kraterrand von Fernandina stürzt fast tausend Meter tief bis zum mineralreichen See hinab, auf dem die morgendliche Brise kleine Wellen zieht. Die vorherrschenden Südostwinde treiben Wolkenfetzen über den Rand der Caldera. Der Gipfel bleibt fast immer sonnenbeschienen. Takumar 24 mm.

140. Durch ein Grasbüschel hindurch fotografiert wirkt dieses Landleguanmännchen bei seinem morgendlichen Ausflug zur Nahrungssuche wie ein prähistorisches Reptil. Foto von Jacqueline de Roy.

141. Ein ganz ungewöhnlicher Anblick: eine Gruppe von Landleguanen auf dem Kraterrand von Fernandina, bestehend aus einem Männchen und mehreren Weibchen. Die starke Aggressivität verhindert normalerweise solche Ansammlungen. Takumar 135 mm.

142. Wenn der Portulak an den Nachmittagen während der kurzen Regenzeit aufblüht, wandern die Landleguane umher und beißen die süßen gelben Blüten ab. Takumar 135 mm.

143. Kämpfende Männchen nähern sich schräg von vorne, bedrohen sich kopfnickend und versuchen, einander am Hals zu packen. Takumar 135 mm.

144. Mit ausgestreckten Beinen lassen sich die Landleguane von Spottdrosseln und Darwinfinken die vollgesogenen Zecken ablesen. Hier hält eine Spottdrossel ein Stück abgestreifter Haut. Foto von André de Roy. Takumar 135 mm.

145. Die langen Stacheln werden nur grob abgestreift, dann beißt der Landleguan in die saftigen Kakteen, die

ihm die notwendige Flüssigkeit geben. Takumar 135 mm.

146. Mit dem blauen Schatten des Kraterinneren als Hintergrund erscheint ein Leguan über dem Rand des Vulkans von Fernandina. Takumar 135 mm.

147. Ich mußte ein ziemliches Stück unter dem Dornbusch durchkriechen, um diesen Landleguan beim Aufsuchen seines Schlupfwinkels fotografieren zu können. Takumar 135 mm.

148. Eingehüllt in den Dampf von Fumarolen wandern die Riesenschildkröten von ihrer Suhle, in der sie die Nacht verbracht hatten, zur morgendlichen Nahrungssuche am Rand von Alcedo. Geduld und Glück ermöglichten mir diese Aufnahme gerade in jenem Moment, in dem der Wind den Dampf um die wandernde Schildkröte kurz weggeblasen hatte. Takumar 24 mm.

149. Eine Riesenschildkröte steht steif mit gestreckten Beinen und erlaubt so einem Darwinfinken die Suche nach Zecken. Takumar 135 mm.

150. Ein Bussard benutzt eine ruhende Schildkröte als Ausguck. Dahinter treiben die ersten Sonnenstrahlen, unterstützt von einer leichten Brise, die Wolken und den Dampf der Fumarolen im Krater von Alcedo.

151. In der dicken, schlammigen Suhle wirft eine langsam gehende Riesenschildkröte einen Schatten und spiegelt sich im Wasser.

152. Nach Regentagen und bewölktem Wetter bricht die Sonne durch und füllt die Szenerie im Krater von Alcedo mit den goldenen Strahlen des späten Nachmittags. Takumar 24 mm.

153. Eine Riesenschildkröte äst Gras und Kräuter am Boden des Kraters von Alcedo. Vivitar 300 mm.

154. Unter einem dichten Busch versteckt, konnte ich einige Aufnahmen von einem heftigen Regenschauer während der warmen Jahreszeit auf dem Alcedo-Vulkan machen, ohne daß die Kamera naß wurde. Takumar 135 mm.

155. Die Niederschläge der Regenzeit sind vorüber und die Wasserpfützen auf Alcedo schwinden dahin. Eine Woche lang zeltete ich mit meiner Familie an dieser Stelle und beobachtete, wie sich jeden Nachmittag die Schildkröten von den umliegenden Wiesen sammelten, um zu trinken und sich zur Ruhe im warmen Schlammbad niederzulassen. Takumar 24 mm.

156. In diesem vegetationsfreien Bereich um eine Fumarole zeigen die Riesenschildkröten ein ritualisiertes Drohverhalten in der Schlammsuhle. Takumar 135 mm.

157. Dieses Schildkrötenskelett fand ich auf einem offenen Bimssteingelände weit entfernt von der Vegetation am Gipfel des Vulkans. Vermutlich starb das Tier an Überhitzung. Takumar 135 mm.

158. Die Morgensonne verdrängt den Nebel über einem Regenwassertümpel nahe einer Dampfspalte auf Alcedo.

159. Der Regenbogen kündet die neue Regenzeit an. Überall im Krater von Alcedo paaren sich jetzt die Riesenschildkröten. Takumar 135 mm.

160. Ganz zufällig stieß ich auf diese gerade schlüpfenden Schildkröten inmitten der Trockenzeit am Grunde der Caldera von Alcedo. Takumar 135 mm.

161. Unter einer Nebeldecke, die den Krater von Alcedo häufig während der Regenzeit erfüllt, paaren sich die Riesenschildkröten auf einem Bimssteinfeld. Takumar 135 mm.

162. Diese einzelgängerische, alte Sattelrücken-Riesenschildkröte hat das Innere des Kraters von Pinzon (Duncan) als Lebensraum gewählt. Sie droht den Menschen in der gleichen Weise wie ihresgleichen mit erhobenem Kopf und geöffneten Kiefern, die mit ihren scharfen Rändern fest zubeißen können. Takumar 135 mm.

163. In einem offenen Gehege der Darwin-Station auf der Insel Santa Cruz wartet die letzte überlebende der Schildkröten der Insel Pinta darauf, daß vielleicht doch noch ein Partner gefunden wird, der auf ihrer Heimatinsel die Zerstörungen durch Ziegen und menschliche Plünderer überlebt haben könnte. Doch vermutlich wird mit ihrem Tod diese Rasse ausgestorben sein. Takumar 135 mm.

164. In Freigehegen werden auch die letzten Schildkröten von Hood, drei Männchen und elf Weibchen, gehalten und gezüchtet, um neue Bestände auf ihrer Heimatinsel aufzubauen. Takumar 135 mm.

165. Mit lautem Schmatzen verzehrt diese Pinzon-Schildkröte einen heruntergefallenen Kaktustrieb, der während der Trockenzeit oft die einzige Flüssigkeitsquelle darstellt. Takumar 135 mm.

166., 167. Da Sattelrücken-Riesenschildkröten scheuer und schneller als die Kuppelrücken sind, bedurfte es sehr vorsichtigen Anschleichens, um eine von ihnen bei ungestörter Nahrungsaufnahme fotografieren zu können. Takumar 135 mm.

168. Auf dem Rand des Vulkans Alcedo plustert ein Kleiner Grundfink seine Federn an einem feuchten Morgen. Takumar 135 mm.

169. Alle Darwinfinken bauen kugelförmige Nester. Die Grundfinken legen sie meist in Kakteen, die Baumfinken und die anderen in Bäumen und Buschwerk an. Takumar 135 mm.

170. Wenn im Oktober und November die Erythrina erblüht, nehmen viele Darwinfinken die Blüten als Nahrung. Erwachsene Finken tragen zur Brutzeit einen glänzendschwarzen Schnabel, während die Nichtbrüter orange oder gelbliche Schnabelfarben zeigen. Jungvögel, wie der abgebildete, haben einen blaßgelben Unterschnabel. Takumar 135 mm.

171. Die sehr wendigen Baumfinken kommen an Nahrungsquellen, die den anderen Arten nicht zugänglich sind. Takumar 135 mm.

172. Das Männchen des Großen Grundfinken ist darauf spezialisiert, harte Samen zu knacken, die andere nicht öffnen können. Takumar 135 mm mit Balgen.

173. Der Kleine Grundfink (ein unausgefärbtes, junges Männchen mit schon fast schwarzem Gefieder) lebt hauptsächlich von kleinen Gras- und Seggensamen. Alle Grundfinken der Gattung Geospiza zeigen ein sehr unterschiedliches Gefieder. Die Weibchen und die Jungvögel sind grau gefleckt, während die alten Männchen schwarz sind. Takumar 135 mm mit Balgen.

174. Der Spitzschnabel-Grundfink (Männchen) kommt nur sehr lokal vor und ernährt sich von kleinen Sämereien, Blüten und Insekten. Takumar 135 mm.

175. Mit dem langen, spitzen Schnabel reicht der Kleine Kaktusfink tief in die Blüten der Opuntien hinein und sticht auch durch die Früchte, um an die Samen zu gelangen. Dieses Paar zeigt gut die Färbungsunterschiede zwischen Männchen und Weibchen. Takumar 135 mm.

176. Der Große Kaktusfink (Männchen) lebt nur auf jenen der nördlichen und südlichen Inseln, auf denen es den (Kleinen) Kaktusfinken nicht gibt. Man kann ihn als weniger spezialisierte Reliktart betrachten, die von der besser angepaßten ersetzt worden ist. Takumar 135 mm mit Balgen.

177. Der Vegetarische Baumfink ist der größte Vertreter. Er frißt vorwiegend Blüten, Früchte, viele Blätter und sogar Flechten. Takumar 135 mm.

178. Der Kleine Baumfink ernährt sich von einer Vielzahl kleiner Insekten, winzigen Blüten, Knospen und Früchten. Im allgemeinen räumt er mit jenen Nahrungspartikelchen auf, die die anderen Finken übersehen oder

übriggelassen haben. Baumfinken sind grau, und nur die Männchen einiger Arten haben schwarze Stirn oder Partien am Vorderkörper. Takumar 135 mm.

179. Den Großen Baumfinken gibt es nur auf den hochgelegenen, feuchten Zonen der Inseln, wo er sich von großen Insekten und Früchten ernährt. Der Mittlere Baumfink beschränkt sich auf Floreana, wo ich ihn aber niemals beobachten konnte. Takumar 135 mm.

180. Der Spechtfink ist der bemerkenswerteste unter den Darwinfinken, denn er hat sich sehr in Richtung der Lebensweise eines kleinen Spechtes entwickelt. Er klopft tote Zweige nach bohrenden Insektenlarven ab und benutzt sogar einen Kaktusstachel dazu, diese herauszuziehen, da ihm die lange, vorstreckbare Zunge der Spechte fehlt. Es ist dies einer der seltenen Fälle von echter Werkzeugbenutzung bei Vögeln. Takumar 135 mm.

181. Der Mangrovenfink lebt ähnlich wie der Spechtfink, aber sein Vorkommen beschränkt sich auf die weiten Mangrovenbestände entlang der Westküste von Isabela und Fernandina. Takumar 135 mm.

182. Der Mittlere Baumfink (Weibchen) ernährt sich von einer Vielzahl mittelgroßer Samen, die er vorwiegend am Boden aufnimmt. Takumar 135 mm.

183. Der Laubsängerfink zeigt das andere Extrem der Anpassung: Er sieht nicht nur einem Laubsänger recht ähnlich, sondern verhält sich auch so und frißt bevorzugt kleine Insekten, weshalb er auch oft »Insektenfressender Fink« genannt wird. Takumar 135 mm.

184. Die endemische Spottdrossel von Floreana ist auf der Hauptinsel bereits ausgestorben, hat aber auf den kleinen Nebeninseln, wie Champion Island, überlebt. Verwilderte Hauskatzen dürften die Ursache der Vernichtung auf Floreana selbst gewesen sein. Takumar 135 mm.

185. Die Hood-Spottdrossel hat einen längeren Schnabel und größere Beine als die anderen Inselformen. Sie kommt nur auf der Insel Hood vor. Takumar 135 mm.

186. Als ich diese nistende Galapagostaube in einem verlassenen Leguan-Bau fand, war es darin zum Fotografieren zu dunkel. So nutzte ich die weiße Unterseite meiner hölzernen Kameratasche als Reflektor. Takumar 135 mm.

187. Die Galapagos-Spottdrossel kommt auf allen zentralen und nördlichen Inseln des Archipels vor. Hier verzehrt gerade eine solche Spottdrossel eine der endemischen Wildtomaten auf dem Kraterrand von Fernandina. Takumar 135 mm.

188. Gut getarnt – meist sind nur der weiße Augenring und die roten Beine etwas erkennbar – verbringt die Galapagostaube die meiste Zeit auf dem Boden bei der Nahrungssuche. Takumar 135 mm.

189. Viele Überreste prähistorischer und jüngerer vulkanischer Aktivität kennzeichnen die Caldera von Fernandina. Macro-Takumar 50 mm.

190.–192. An einem feuchten, grauen Morgen richtet in der Caldera von Alcedo ein Galapagos-Bussard mit großer Sorgfalt sein Gefieder. Manchmal saßen dreißig bis vierzig dieser Greifvögel um unser Lager herum und warteten auf die wärmende Sonne, die die Aufwinde zum Segeln erzeugt. Der ungewohnte Anblick der Menschen im Zeltlager hatte sie wohl herbeigelockt. Takumar 135 mm.

193. Auf einem Lavapfropfen wächst der Horst eines Bussardpaares von Jahr zu Jahr, da mit jeder Brut neue Schichten von Zweigen aufgetragen werden. Takumar 135 mm.

194. Vom ungewohnten Besuch neugierig gemacht, blockt ein unausgefärbter Galapagos-Bussard dicht über meinem Kopf auf und betrachtet das Treiben im Lager. Takumar 135 mm.

195. Als die Morgensonne die ersten Aufwinde am Abfall der Kraterwand von Fernandina erzeugte, segelte ein Bussard darin empor. Vivitar 300 mm.

196. Die von der hereinbrechenden Nacht unterkühlten Meerechsen werden den Galapagos-Bussarden eine leichte Beute. Takumar 135 mm.

197. Dieser Pinguin jagte kleine Fische nahe dem Pier, an dem das Boot meiner Familie liegt. Galapagos-Pinguine sind sehr seltene Besucher in der Academy Bay. Takumar 135 mm.

198. Galapagos-Pinguine vor Beginn ihrer täglichen Nahrungssuche.

199. Selbst im schwachen Licht nach Sonnenuntergang hielten sich diese Pinguine ruhig genug, um sie mit aufgelegter Kamera noch fotografieren zu können. Takumar 135 mm.

200. Allgemeine Aufregung, denn der junge Galapagos-Bussard hat sich an einem Kormoranpaar mit Jungen erschreckt, die sich offenbar noch mehr fürchten. Nach ein paar zögernden Annäherungsversuchen flog der Greifvogel zu seinen Eltern und bettelte um Futter. Takumar 135 mm.

201. Im Gegensatz zu den weißbedunten Jungen der meisten Seevögel tragen junge flugunfähige Kormorane ein rußbraunes Dunenkleid. Takumar 135 mm.

202. Der flugunfähige Kormoran zählt zu den zutraulichsten Vögeln. Er läßt eine Annäherung bis auf einen Meter zu. Takumar 135 mm.

203. Nebel bedeckt noch im Morgenlicht die kalten Wasser um Fernandina. Ein flugunfähiger Kormoran streckt seine Stummelflügel zum Trocknen aus. Foto von André de Roy.

204. Wie scharlachrote Blütentupfen zeigen sich die aufgeblasenen Kehlsäcke der Fregattvogelmännchen im Höhepunkt der Balzzeit im grünen Buschwerk der Darwin Bucht. Im Vordergrund sieht man ein neu gegründetes Paar neben einem toten Jungvogel vom letzten Jahr. Takumar 24 mm.

205. Ein junger Fregattvogel ist nun alt genug, um ohne Schutz alleine gelassen zu werden. Er wartet darauf, daß die Eltern mit Futter zurückkommen. Takumar 135 mm.

206. Am frühen Morgen läßt das brütende Fregattvogelweibchen einen kurzen Blick auf das Ei zu. Takumar 135 mm.

207. Büschel von Kehlfedern verteilen sich um den aufgeblasenen Kehlsack eines balzenden Fregattvogels. Takumar 135 mm.

208. Im vollen Glanze seines stark aufgeblasenen Kehlsackes und den metallisch-grünen Federn ruht ein Fregattvogelmännchen neben seinem eben gewonnenen Weibchen, das an der weißen Brust und dem rosa Augenring erkennbar ist. Takumar 135 mm.

209. Von einer lockeren Nestplattform aus blickt ein junger Fregattvogel über die Darwin-Bucht. Takumar 35 mm.

210. Obgleich der Fregattvogel seinen Kehlsack nach Belieben aufblasen oder zusammenschrumpfen lassen kann, sieht man manchmal ein Männchen sogar mit voll aufgeblähtem Sack fliegen. Dabei verliert er nicht selten die Balance und wird in der Sicht behindert. Takumar 135 mm.

211. Während ihn seine Mutter gegen Witterung und räuberische Nachbarn schützt, streckt dieser junge Fregattvogel seine noch kleinen Flügel zwischen den Ruhephasen. Takumar 135 mm.

212.–214. Sobald der zurückkehrende Altvogel am Nest landet, beginnt das Junge intensiv zu betteln. Immer wieder reckt es den Kopf hoch und kreischt nach Futter. Nach wenigen Minuten darf es dann in den Schlund des Elternvogels hineinfassen und den hochgewürgten Fisch aufnehmen. Takumar 135 mm.

215. Alle zehn bis zwanzig Minuten kam dieses Fregattvogelmännchen mit einem frisch gepflückten Zweig zurück, den es im Flug von der niedrigen Mangrove abgerissen hatte, und präsentierte ihn seiner Partnerin. Sie baute das Astwerk in die Nestplattform ein, während er auf weiteren Nachschub hinausflog. Macro-Takumar 50 mm.

216. Dieser junge Fregattvogel ist zwar schon über ein Jahr alt und kann gut fliegen. Aber er wartet immer noch auf die periodischen Besuche der Eltern, die dem Jungen Nahrung bringen. Takumar 135 mm.

217. Den unausgefärbten Prachtfregattvogel kann man vom ähnlichen Bindenfregattvogel an der Größe und am vollkommen weißen Kopf- und Brustgefieder unterscheiden. Takumar 135 mm.

218. Fregattvögel segeln gerne die Klippen entlang, wo sie die guten Aufwinde nutzen. Von meinem Sitzplatz auf einer Klippe an der Darwin-Bucht konnte ich dieses Bild eines Männchens aus gleicher Höhe machen, bei dem der Kehlsack schon eingeschrumpft war. Vielleicht suchte es gerade nach Nistmaterial. Vivitar 300 mm.

219., 220. Die immense Geschwindigkeit, mit der ein Fregattvogel einem Tölpel die Nahrung abzujagen versucht, stellt an den Fotografen höchste Anforderungen. Um eine gute Serie zu bekommen, habe ich mehr Filmmaterial als für irgendein anderes Objekt gebraucht. Vivitar 300 mm.

221. Mit verzweifelten Schreien und Höchstgeschwindigkeit versucht ein Maskentölpel einem angreifenden Fregattvogel zu entkommen. Vivitar 300 mm.

222. Die Lavaklippen des Vulkans Ecuador ragen hinter einem rastenden Paar von Maskentölpeln auf. Takumar 35 mm.

223.–225. Ohne auf meine Gegenwart zu achten, vollführen zwei Maskentölpel das Ritual der Paarbildung. Sie präsentieren sich Nistmaterial und mindern die Aggression durch beschwichtigendes Wegsehen. Takumar 135 mm.

226. Obwohl die Sonne noch tief steht, hechelt ein brütender Maskentölpel schon an diesem windstillen Morgen in der warmen Jahreszeit. Takumar 135 mm.

227. Ein Maskentölpel mit Jungen im klaren Morgenlicht. Takumar 135 mm.

228. Es dauert einige Zeit, bis der junge Tölpel das schützende Dunengefieder bekommt. In dieser Zeit muß er von den Eltern besonders intensiv gehudert und vor der sengenden Sonne sowie vor Feinden geschützt werden. Takumar 135 mm.

229. Von seinem Nistplatz einen halben Meter neben dem Besucherpfad auf einer unbewohnten Insel sieht dieses Blaufußtölpelweibchen bestimmt mehr Menschen, während es die Jungen großzieht, als ich in einem ganzen Jahr. Takumar 135 mm.

230., 233. Während die Nachmittagssonne die Konturen dieses brütenden Tölpels ausleuchtet, reflektiert der weiße, guanobedeckte Felsen genügend Licht, um auch Details im Körperschatten hervortreten zu lassen. Takumar 135 mm.

231. Fieberhafte Aktivität erfüllt diese Blaufußtölpel-Kolonie während der Balz in den sonnendurchfluteten Nachmittagsstunden. In der Ferne sieht man die Vulkane von Isabela und Fernandina. Takumar 24 mm.

232. In intensiver Balz hebt dieser Blaufußtölpel langsam seine Beine in einem eigenartigen Tanz in Richtung Weibchen und stellt die leuchtend gefärbten Schwimmhäute zur Schau. Takumar 135 mm.

234. Ein Paar Blaufußtölpel vor den blauschattigen Klippen von Vincente Roca. Takumar 135 mm.

235. Dunstiges Morgenlicht umhüllt diese friedliche Familienszene an einem Nest des Blaufußtölpels in der Brutkolonie. Takumar 135 mm.

236. Ein neugebildetes Paar von Rotfußtölpeln. Einer der Vögel gehört der hübschen weißen Phase an, die ungefähr fünf Prozent des Bestandes von Tower einnimmt. Takumar 135 mm.

237. Ein Rotfußtölpel fliegt mit Nistmaterial zu seinem Nest zurück und bereitet sich auf das Spießruten»laufen« vor, das ihm bevorsteht, wenn er die räuberischen Fregattvögel passieren muß. Takumar 135 mm.

238., 240. An trüben Tagen verschwimmt das graubraune Gefieder der Rotfußtölpel mit der braunen Vegetation, aber Schnabel und Füße heben sich leuchtend davon ab. Takumar 135 mm.

239. Wolkenfetzen verhüllen die Morgensonne und geben einen guten Hintergrund zu diesen balzenden Tölpeln. Takumar 135 mm.

241. Genau in dem Augenblick, als ich den Verschluß auslöste, hob dieser unausgefärbte braune Pelikan von der Klippe ab. Ich glaubte zunächst, daß ich ihn verpaßt hätte, doch das Resultat zeigte das Gegenteil. Takumar 135 mm.

242. Ein brauner Pelikan begrüßt seinen Partner am Nest in der Mangrove. Er schwenkt seinen Kopf nach den Seiten und hält die Flügel und den Kehlsack ausgebreitet. Macro-Takumar 50 mm.

243. Mit rauhem Quaken drängen die jungen Pelikane ihre Eltern zur Fütterung. Takumar 135 mm.

244. Die aufgehende Sonne leuchtet kurz in das Nest, in welchem ein Junges des Tropikvogels auf die Rückkehr der Eltern wartet. Takumar 135 mm.

245. In dieser dunklen, engen Höhle fotografierte ich den ganz still sitzenden Vogel mit geringer Verschlußgeschwindigkeit und etwas Licht, das ich mit meiner weißen Fototasche hineinblendete. Takumar 135 mm.

246. Im Wind rüttelnd besichtigt dieser Rotschnabel-Tropikvogel einen möglichen Brutplatz an der Steilwand einer Klippe. Takumar 135 mm.

247. An einem ausnehmend gut einsehbaren Nest an den Klippen der Teufelskrone entstand dieses Bild, bei dem ich mich von einem Landungsboot aus so weit wie möglich nach oben reckte. Takumar 135 mm.

248. Mit Einbruch der Abenddämmerung verlassen die Gabelschwanzmöwen ihre Brutkolonie zur nächtlichen Nahrungssuche auf See. Takumar 135 mm.

249. Starke Dünung zerstört manchmal die Nester der Gabelschwanzmöwen in den unteren Bereichen der Klippen. Als diese ungewöhnlich große Welle die Küste erreichte, erhob sich ein Schwarm von Möwen in die Luft. Takumar 35 mm.

250. Gabelschwanzmöwen dösen während des Tages auf ihren Nestern. Takumar 135 mm.

251. Bei ihrer nächtlichen Lebensweise balzen die Gabelschwanzmöwen meist in der Abenddämmerung. Hier finden auch die Paarungen statt. Takumar 135 mm.

252. Ein Paar der Gabelschwanzmöwen ruht dicht beisammen, bevor es sein Nest errichtet. Takumar 135 mm.

253. Vorsichtig lag ich auf scharfkantiger Lava und konnte nicht durch den Sucher sehen. So kamen die Möwen im Hintergrund nur durch glücklichen Zufall mit aufs Bild. Takumar 135 mm.

254. Die in tropischen Meeren weit verbreiteten

Noddyseeschwalben nisten an fast allen Klippen der Galapagos-Inseln. Takumar 135 mm.

255. Ein brütender Wellenalbatros wechselt oft seine Stellung und dreht das riesige Ei mit den großen Schwimmhäuten zwischen den Zehen. Manchmal bewegt er sich dabei Dutzende von Metern vom ursprünglichen Nistplatz weg, bis das Junge schlüpft. Takumar 135 mm.

256. Den fischenden Pelikanen folgen manchmal einige Noddyseeschwalben. Wenn die Pelikane nach Schulen kleiner Fische stoßen, landen die Noddys schnell auf ihren Köpfen und versuchen von dort aus einen Fisch zu erhaschen. Takumar 135 mm.

257. Wenn die hohe Flut die kleinen Lagunen hinter der Darwin-Bucht mit kristallklarem Wasser füllt, kommen gewöhnlich zahlreiche Lavamöwen und schwimmen darin herum oder baden. Takumar 135 mm.

258. Bewölkter Himmel läßt die Weichheit des Gefieders der Wellenalbatrosse stärker hervortreten. Takumar 135 mm.

259. Albatrosse bauen keine Nester. Die Jungen wandern tagsüber umher und suchen den Schatten oder sonnige Stellen auf. Ihre Eltern kennen sie persönlich. Takumar 135 mm.

260. Nur selten findet man Nester der Lavamöwe. Nähert man sich den Niststätten, dann verraten sie schon die heftigen Schreie und Angriffe der Altvögel. Mit diesem Verhalten versuchen sie auch Seelöwen zu vertreiben, wenn sich diese ihren Bodennestern nähern. Macro-Takumar 50 mm.

261. Diese Fotografiermöglichkeit ergab sich, als der Vogel zum Schiff kam. Ich saß im vertäuten Landungsboot, und der Koch unseres Touristenschiffes wusch das Mittagsgeschirr. Kleine Stücke gegrillter Fische trieben dabei an der Wasseroberfläche. Takumar 135 mm.

262. Audubon-Sturmtaucher jagen in großen Schwärmen über dem offenen Meer und versuchen kleine Fische zu erhaschen. Es kostet Nerven, sie vom fahrenden Boot aus scharf aufzunehmen. Vivitar 300 mm.

263.–272. Bevor sie die Brutkolonie im Dezember oder Januar verlassen und aufs Meer hinausziehen, vollführen die Galapagos-Albatrosse noch höchst intensive Balzspiele, die dazu dienen, die lebenslangen Paarbindungen zu festigen und zu erneuern. Denn sie verteilen sich nun vier Monate lang einzeln über der Hochsee bis zum Beginn der nächsten Brutperiode. Meist während der späten Nachmittagsstunden werden die streng ritualisierten Bewegungsabläufe in schneller Folge vorgetragen. Takumar 135 mm.

273. Diese Flamingos zeigen sich im trüben Licht eines späten Nachmittags von ihrer besten Seite. Vivitar 300 mm.

274. Viel Nahrung und lange Zeit des Wachstums benötigt dieser junge Flamingo, der am Rande einer Salzlagune steht, bis er voll ausgewachsen ist und die langen, dünnen Beine zum Waten im Flachwasser bekommen hat. Takumar 135 mm.

275. In der stillen Lagune von Punta Cormorant breiten die Flamingos ihre Flügel bei den Balztänzen aus. Takumar 135 mm.

276. Ein brütender Amerikanischer Blaureiher sträubt drohend seine Federn, als ich mich ihm nähere. Regnerisches Wetter läßt sein Gefieder glänzen. Dieses Bild machte ich mit dem ersten Film, den ich in meine erste Spiegelreflex-Kamera vor zehn Jahren einlegte. Takumar 83 mm.

277. Scheuer als die meisten anderen Vögel ist dieser Besucher der Galapagos-Inseln, ein Silberreiher. Er fischt in einer mangroveumsäumten, flachen Lagune am frühen Morgen. Takumar 135 mm.

278. An einem trüben Tag kam dieser unausgefärbte Cayenne-Nachtreiher aus dem Mangrovendickicht heraus, wo er sich normalerweise tagsüber aufhält. Takumar 135 mm.

279. Beim Blick über einen großen Felsblock fand ich diesen Lavareiher. Die Morgensonne glänzt in seinem goldfarbenen Auge. Takumar 135 mm.

280. Seebären leben zurückgezogen und ziehen zerklüftete Küstenstriche zum Großziehen ihrer Jungen vor. Macro-Takumar 50 mm.

281. Von einer Bootsfahrt entlang der Klippen in der Darwin-Bucht brachte ich diesen Schnappschuß ruhender Seebären in einer kühlen Halbhöhle mit. Takumar 135 mm.

282. Instinktiv fehlgeleitet, interessierte sich dieser Seebär für ein Seelöwenweibchen – und bekam eine heftige Abfuhr! Diese Aufnahme zeigt deutlich die Unterschiede zwischen den beiden Arten in Größe, Aussehen, Farbe und Pelzstruktur. Takumar 135 mm.

283. Wenn die Sonne ungemütlich warm für die Seebären wird, beenden sie ihren Schlaf am Strand und lassen sich faul an der Wasseroberfläche treiben, so wie diese an den Grotten von James Bay. Ein Polarisationsfilter verbessert die Transparenz des Wassers. Takumar 135 mm.

284. Eine dünne Wolkendecke filtert etwas das Sonnenlicht und läßt sowohl das Wasser als auch die Seelöwen wie Öl glänzen. Macro-Takumar 50 mm.

285. Spielerisch stoßen junge Seelöwen nach einer Meerechse und hindern sie daran, zum Strand zurückzukommen. Doch wenn sie auch stoßen und ziehen, sie verletzen ihr Opfer bei solchen Spielen nicht. Takumar 135 mm mit Polarisationsfilter.

286. Dieser aggressive Bulle jagte mich mehrmals, als ich die spielenden Seelöwenjungen fotografieren wollte. Takumar 135 mm.

287. Die jungen Seelöwen lassen sich leicht fotografieren. Sie posieren spielerisch und lassen sich von allem Neuen anregen. Besonders neugierig werden sie, wenn Menschen kommen. Takumar 135 mm.

288. Von knurrenden Warnlauten zurückgehalten, bekommt das Seelöwenjunge gleich nach seiner Geburt Probleme, die eigene Mutter unter einer Gruppe von Weibchen zu finden. Takumar 135 mm.

289. Seelöwen haben einen sehr tiefen Schlaf! Dieses Junge merkte überhaupt nicht, daß ich es fotografierte. Takumar 135 mm.

290. Die Sonne glänzte noch auf dem nassen Pelz, als sich ein junger Seelöwenbulle (rechts) und ein Weibchen im Flachwasser treffen und grüßen. Takumar 135 mm.

291. Welle um Welle schlägt dröhnend in das Blasloch auf Punta Suarez. Ein Seelöwe genießt offenbar die kühle Gischt. Takumar 135 mm.

292. In einem ungewöhnlich heftigen Kampf schlugen sich zwei Seelöwenbullen so wild eine halbe Stunde lang, daß sich das Wasser um sie herum blutrot färbte. Takumar 135 mm.

293. Nachdem er seinen stark blutenden Gegner abgeschlagen hatte, kehrte der Sieger des Kampfes zurück und nahm seinen schwer erkämpften, bluterfüllten Uferplatz in Besitz. Takumar 24 mm.

294. Der einzige Zugang zu dieser versteckten Bucht führt für Seelöwen wie für die Wellen durch eine Öffnung an einem ausgewaschenen Tuffkegel an der Basis des Vulkans Ecuador. Takumar 24 mm.

Literatur (Auswahl)

I. Englischsprachige Werke

Bowman, R. I.: The Galapagos. Proceedings of the Symposia on the Galapagos International Scientific Project. Univ. California Press, Los Angeles 1966.

*Brower, K. & E. Porter: Galapagos: Flow of Wilderness. 2 vol. Sierra Club & Ballantine Books Inc. 1968.

Carlquist, S.: Island Life. Garden City, New York, Natural History Press 1965.

Darwin, C.: The Voyage of the Beagle. Doubleday Inc., Garden City, New York 1962.

Harris, M. P.: A Field Guide to the Birds of Galapagos. Collins, London 1974.

Hickin, N.: Animal life of the Galapagos. Ferendue Books, Faringdon, England 1979.

Lack, D.: Darwin's Finches. Gloucester, Mass. 1968.

McBirney, A. R. & H. Williams: Geology and Petrology of the Galapagos Islands. Geological Society of America, Washington. D. C. 1969.

*Nelson, J. B. Galapagos: Islands of Birds. Longmans Green, London 1968.

Nordlie, B. E.: Morphology and Structure of the Western Galapagos Volcanoes and a Model for Their Origin. Bull. Geol. Soc. America 84: 2931–2956.

Perry, R.: The Galapagos Islands. Dodd, Mead & Co., New York 1972.

Simkin, T. & K. A. Howard: Caldera Collapse in the Galapagos Islands. Science 169: 429–437 (1968).

Slevin, J. R.: The Galapagos Islands: A History of Their Exploration. Occ. Papers. Calif. Acad. Science 25, 1959.

Thorton, I.: Darwin's Islands: A Natural History of the Galapagos. Natural History Press, Garden City, New York 1971.

Wiggins, I. L. & D. M. Porter: Flora of the Galapagos Islands. Stanford Univ. Press, California 1971.

II. Deutschsprachige Literatur

Bechtel, H.: Zoo Galapagos. Silva Verlag, Zürich 1973.

*Beebe, W.: Galapagos, Brockhaus, Stuttgart 1923.

Bezzel, E. & F. Pölking: Tierleben auf Galapagos. Kilda Verlag, Greven, 1979.

Dossenbach. H. D.: Galapagos. Hallwag Verlag, Bern 1974.

Eibl-Eibesfeldt, I.: Die Arche Noah im Pazifik. Piper Verlag, München 1977.

Pölking, F.: Nationalpark Galapagos. Kilda Verlag, Greven 1977.

Wittmer, M.: Postlagernd Floreana. Büchergilde Gutenberg 1961.

III. Spanischsprachige Literatur

Black, J.: Galápagos, Archipelago del Ecuador. Imprenta Europa, Quito 1973 (Charles Darwin Foundation und World Wildlife Fund).

Dank

Eine große Zahl von Personen trug zum Zustandekommen dieses Buches bei. Über ein gutes Jahrzehnt, als ich noch sehr jung war, halfen sie bewußt oder unbewußt mit, das Werk zu formen. Sicher habe ich einige davon vergessen, obwohl ihr Einfluß in meiner Arbeit weiterlebt. Man mußte mich davon überzeugen, daß ich dieses Buch schreiben sollte, ja, daß ich überhaupt zum Schreiben in der Lage bin. Als ich die ersten Beiträge für naturkundliche Zeitschriften verfaßte, kam der Durchbruch. Manchmal halfen Glück und Zufall, aber dennoch war es ohne Zweifel das systematische Sammeln von Bildern, die auf den vielen Exkursionen im Laufe der Zeit zusammenkamen, das den großen Überblick ermöglichte.

Während meiner Kindheit ermunterten mich meine Eltern stets, alles zu untersuchen und zu verstehen zu versuchen, was um mich geschieht. Ihnen verdanke ich meine Freude am Forschen und die Geduld zum Beobachten, die auch die Grundlage fürs Fotografieren ist.

Mein alter Freund David Cavagnaro vermittelte mir die Fähigkeit zur kritischen Beobachtung, die insbesondere beim Studium des Verhaltens der Tiere so wesentlich ist. Ihm verdanke ich auch viele Inspirationen aus seinen Büchern und die Fähigkeit, so zu schreiben, daß meine Gefühle frei zum Ausdruck kommen. Ann Guilfoyle wurde nie müde, mir Rat und Hilfe angedeihen zu lassen und mich bei der Arbeit zu ermutigen, auch wenn sie aus der »modernen Welt« kommt, dem extremen Gegenteil von meiner eigenen. Ich bin ihr zu großem Dank verpflichtet.

Mein Dank gilt auch Craig MacFarland, der die biologischen Details kritisch überprüfte, und Particio Ramon, Pete Hall und Tom Simkin für ihre wertvolle Hilfestellung zum Verständnis der geologischen Vorgänge. Aber auch den vielen anderen, die hier keine Erwähnung fanden, bleibt meine dankbare Verbindung, denn ich weiß, daß wir immer in der gemeinsamen Zuneigung zu diesen Inseln verbunden bleiben werden.

Letztendlich möchte ich noch ganz besonders Miguel Cifuentes und meinem Mann Alan für all die Jahre danken, die sie sich um die Erhaltung und Wiederherstellung der natürlichen Wildnis von Galapagos eingesetzt haben.